Capitaine Roland de Weck
Maître d'équitation
à la Régie fédérale des chevaux

PRÉCIS D'ÉQUITATION

*Illustré de 39 hors-texte et de 57 figures
par le
Capitaine A.-E. Bernard*

Copyright © Editions Frigate, Genève 1946

Copyright © Xenophon Press LLC, Franktown 2025

This Edition ISBN 9781948717717

Xenophon Press Design: Robert Ashbaugh

Tous droits réservés. Aucune partie de ce livre ne peut être réimprimée, reproduite ou utilisée sous quelque forme que ce soit ou par quelque moyen électronique, mécanique ou autre, connu ou inventé à l'avenir, y compris la photocopie et l'enregistrement, ou dans tout système de stockage ou de récupération d'informations, sans l'autorisation écrite de l'éditeur.

Toute utilisation de cette publication pour entraîner des technologies d'intelligence artificielle générative (IA) est expressément interdite. L'éditeur se réserve tous les droits d'utilisation de cette œuvre pour l'entraînement à l'IA générative et le développement de modèles de langage d'apprentissage automatique.

Les lecteurs doivent toujours s'assurer qu'ils portent l'équipement de sécurité approprié: bottes d'équitation, gants et, si nécessaire, un gilet de protection. L'éditeur recommande également un casque de sécurité correctement ajusté, conforme à la norme EN1384/BSEN1384 ou PAS015 au minimum.

This edition published by Xenophon Press LLC,
Franktown, Virginia USA

XenophonPress@gmail.com   www.XenophonPress.com

L'édition originale du "Précis d'équation" fut mise à l'impression le dix août 1945 sur les presses des Imprimeries Populaires, à Genève. Elle comprenait vingt-six exemplaires hors commerce sur vélin pur, réservés à l'auteur et numérotés de A à Z; vingt exemplaires sur vélin pur, portant en frontispice une aquarelle originale de A.-E. Bernard, numéros de I à XX; cent exemplaires numérotés de I à 100 ; et mille exemplaires ordinaires.

PRÉSENTATION DE L'ÉDITEUR

Le cheval a toujours été considéré, et reste, la plus noble conquête de l'homme. Roland de Weck a étudié le cheval non seulement d'un point de vue humain, mais il a aussi cherché à comprendre ce compagnon préféré avec compassion et empathie.

En explorant les affinités, les répulsions, les appréhensions, les comportements, les mécanismes mystérieux et les sensations équines, le livre de l'auteur, Précis d'équitation, aidera le lecteur à comprendre, voire à aimer le cheval, le plus attachant des animaux. Humblement, la mission de l'auteur est d'inspirer et de recruter de nouveaux défenseurs des mérites du cheval. De plus, il espère inspirer les gens de cheval qui sont déjà au service des équidés en leur offrant de nouvelles perspectives qui les aideront dans leur recherche de la perfection de ce bel art équestre.

La traduction anglaise de ce texte français est attendue dans le courant de l'année 2025.

Richard F. Williams, éditeur de Xenophon Press LLC 2025

DÉDIÉ À MES ÉLÈVES

TABLE DES MATIÈRES

	Pages
INTRODUCTION	9
I. HISTOIRE DU CHEVAL EN SUISSE	11
II. RACES ET TYPES DE CHEVAUX EN SUISSE	15
1. L'ÉLEVAGE DU PUR-SANG	16
2. L'ÉLEVAGE DU DEMI-SANG	17
a) Le type d'Einsiedeln	17
b) Le type des Ormonts	17
c) Le type de Zofingue et de Lilienthal	18
3. L'ÉLEVAGE DU CHEVAL DE TRAIT	20
a) Le type franc-montagnard	20
b) Le type de Berthoud	20
c) Le type de Bremgarten	20
III. LE PUR-SANG	22
IV. LES ÉTABLISSEMENTS MILITAIRES FÉDÉRAUX	26
1. LA RÉGIE FÉDÉRALE DES CHEVAUX A THOUNE	26
2. LE DÉPOT FÉDÉRAL DE REMONTE DE CAVALERIE A BERNE	28
3. LE HARAS FÉDÉRAL D'AVENCHES	30
V. HOMME ET CHEVAL	32
1. LE DRESSAGE DU CHEVAL	32
2. L'ACCOUTUMANCE	32
3. LE MANÈGE	32
4. LE TERRAIN	33
5. LE TRAVAIL INDIVIDUEL	33

		Pages
	6. Le travail en section	33
	7. L'intellect	33
	8. Les raideurs	35
VI.	FIGURES DE MANÈGE	37
VII.	MÉCANISME DES ALLURES	50
	1. Généralités	50
	2. L'encolure	51
	3. La station libre	51
	4. Le pas	52
	5. Le trot	62
	6. Le galop	66
VIII.	POSITION DU CAVALIER A CHEVAL	74
	1. L'assiette	74
	2. La position du corps	75
	3. Les mains	75
	4. Les jambes	81
	5. Assiette de dressage et assiette de saut	82
IX.	LES AIDES	88
	1. Généralités	88
	2. Les jambes	88
	3. La main	89
	Rêne d'ouverture	89
	Rêne directe	89
	Rêne contraire	89
	4. Assiette	89
	5. Le poids du cavalier	91
	6. Les éperons	92
	7. La cravache	92
	8. La voix	92
	9. Le regard	94
	10. La récompense et le chatiment	94
X.	PRINCIPES ÉQUESTRES	96
	1. La conversion	96
	2. Le passage du coin	99
	3. Les voltes	99
	4. Les parades	100
	5. Le reculer	101
	6. La mise en main	102

		Pages
	7. Le rassembler	103
	8. Les demi-tours	103
	9. Le travail sur deux pistes	108
XI.	CHEVAL PEUREUX	114
XII.	LE SAUT	116
	1. Généralités	116
	2. Les quatre stades pour apprendre a sauter	116
	3. Les règles pour amener un cheval sur l'obstacle	117
	4. Le saut a la paroi	118
	5. Le saut par le milieu	118
	6. Le jugement de la difficulté de l'obstacle	119
	7. Le saut a la main	124
XIII.	VOLTIGE	128
XIV.	LE MAITRE D'ÉQUITATION	129
	1. Généralités	129
	2. Les qualités du maitre d'équitation	132
	3. Quelques conseils	132
	4. Les corrections	133
	5. La réception des chevaux	137
	6. La formation de la section	140
	7. Les visites et inspections	142
XV.	L'ÉQUITATION EN 70 QUESTIONS ET RÉPONSES	145
XVI.	ÉPREUVES ÉQUESTRES	162
	1. Les épreuves de dressage	162
	2. Les épreuves de saut	170
	3. Les courses	173
	4. Les raids	177
	5. Les épreuves complètes du cheval d'arme	178
XVII.	CONCLUSION	180
	BIBLIOGRAPHIE	184
	XENOPHON PRESS LIBRARY	185

TABLE DES PLANCHES HORS-TEXTE

Planches		Pages
I.	— Pâturage	13
II.	— Elevage	19
III.	— Cavalier du dimanche	34
IV, V.	— Le pas.	54
VI, VII.	— Le trot	60
VIII, IX.	— Le Galop	68
X.	— Carrière	72
XI, XII, XIII.	— Assiette	76
XIV.	— Ancienne et nouvelle position	79
XV.	— Position des mains	80
XVI, XVII.	— Dressage, position actuelle et ancienne	83
XVIII.	— Position de la jambe	87
XIX.	— Effet de rênes	90
XX.	— Visite le soir	93
XXI.	— Conversion	95
XXII.	— Passage du coin	98
XXIII, XXIV, XXV.	— Les demi-tours	105
XXVI, XXVII.	— Céder à la jambe	110
XXVIII.	— Travers, renvers, épaule en dedans . . .	112
XXIX.	— Double saut	126
XXX.	— Perches en V	127
XXXI.	— Ancien maître d'équitation	131
XXXII.	— Nouveau maître d'équitation	134
XXXIII.	— Toujours entrer du côté gauche	139
XXXIV.	— Bonne position au montoir	147
XXXV.	— Mauvaise position au montoir	152
XXXVI.	— Sortie de la stalle	157
XXXVII.	— La chute	164
XXXVIII.	— Le saut	171
XXXIX.	— Courses	174

TABLE DES FIGURES

Planches		Pages
1 à 45.	— Figures de manège	38 à 49
46.	— Station libre	52
47.	— Cheval peureux	114
48.	— Parcours d'obstacles	120
49 à 57.	— Esquisses de parcours	181 à 183

INTRODUCTION

L'équitation est l'art de monter à cheval. Après les progrès qu'elle a faits au cours de ce dernier demi-siècle, il n'est plus possible de la considérer comme un art pur. C'est pourquoi nous proposons d'ajouter à cette définition le mot science : l'équitation est une science artistique.

La photographie et surtout le film ont fixé clairement les différents mouvements du cheval, et développé de ce fait la compréhension du cavalier. Caprilli, un des grands maîtres de l'équitation italienne, a bouleversé la théorie du saut par ses idées nouvelles. Les recherches physiologiques ont également contribué à une équitation plus rationnelle. Les exigences ont augmenté en proportion des progrès scientifiques.

De nos jours, le mécanisme des allures, l'équilibre du cheval aux trois allures et au saut ainsi que l'emploi exact des aides doivent être compris de l'élève, de façon que plus tard, voué à lui-même, il puisse maîtriser son cheval en toute circonstance et se passer, pour la distribution des aides justes, de son maître d'équitation. L'élève doit donc, à la fin de son instruction équestre, posséder une ligne de conduite si précise, que dans n'importe quel cas, il puisse s'y raccrocher, sciemment, jusqu'à ce que la routine lui permette d'agir le plus souvent par ses réflexes, par son subconscient. Cette ligne de conduite doit avoir une base scientifique pour que tout le monde puisse l'apprendre et les plus doués pourront, à l'appui de cette base scientifique, élever leur équitation à la hauteur d'un art.

L'équitation est donc une science, mais nous avons vu que c'est aussi un art. En effet, le cheval n'est pas une machine, n'est pas un automate et si, scientifiquement, la seule application des règles suffit, pour faire de l'équitation un art, il faut y ajouter le sentiment, le tact. Le tact est « la mesure jointe à l'à-propos », dit le comte C. de la Verteville dans son œuvre magistrale « Le cheval d'extérieur ». La science donnera le pourquoi, donc le remède à une faute, l'art, le tact, l'évaluation de cette faute.

N'oublions pas que, sous prétexte d'art, la science ne peut être mise de côté, surtout en Suisse. Ce serait contraire au principe que nous voulons établir : « Plus courte est la période d'instruction, plus poussé doit être l'enseignement théorique scientifique. »

Nous n'avons pas la prétention de donner ici un traité complet d'équitation. Le but de cet ouvrage est de réunir quelques directives tant pour l'élève que pour le maître d'équitation.

N'étant pas écrivain, nous n'avons à dessein pas voulu faire de littérature. Le lecteur voudra bien nous pardonner, si le style technique de ce précis n'est pas toujours académique.

Nous espérons que ces pages serviront utilement la tradition hippique suisse.

I. HISTOIRE DU CHEVAL EN SUISSE

Si nous remontons aux premiers âges de l'homme en Suisse, nous trouvons les vestiges d'un petit cheval sauvage. Le crâne le plus ancien se trouve à Auvernier. Le premier cheval domestique apparaît avec l'âge de la pierre. Il est de petite taille, ne dépassant que rarement une hauteur de 1 m. 40 au garrot. Au temps des Helvètes, existait dans notre pays un cheval qui atteignit grâce aux Romains une certaine célébrité. C'était le cheval « celte » qui fut un des meilleurs chevaux de selle du Saint-Empire.

De cette époque jusqu'au XIIIme siècle, il n'est pas formellement fait mention d'un type de cheval bien défini. Le commerce, le service à l'étranger, ainsi que le butin ramassé au cours des guerres fit entrer dans notre pays un nombre important de chevaux, mais de types très variés. Malgré le manque de données, nous devons pourtant admettre qu'un certain type a dû se former au cours des années, sous l'influence du climat, de la terre, et peut-être aussi par la sélection. C'est ce que les écrivains mentionnent simplement sous le terme de « cheval suisse ». Ce qui est certain, c'est que ce cheval dut sa célébrité, moins à son type bien défini qu'à son endurance, son honnêteté et sa sobriété.

Vers la fin du XIIIme siècle apparaît un cheval d'un type

plus lourd qui se répand en Suisse au début du xivme siècle. Au moyen âge, un cheval de trait représentait, par sa rareté, une fortune. D'après le Dr Jules Gloor, Henri Gessler de Meienberg, dans la vallée de Lindenberg de la Reuss, vendit au duc Léopold I d'Autriche dix destriers pour le prix de 162 marks d'argent, ce qui correspond à environ 100.000 francs de notre monnaie. On peut mettre ici en parallèle la vente faite à la ville de Bâle au xvme siècle, par Thomas de Falkenstein, de tout le canton actuel de Bâle-Campagne avec le château et la seigneurie de Farnsburg pour le prix de 10.000 gulden d'or, soit environ 500.000 francs de notre monnaie ou encore 50 destriers. L'idée d'un véritable élevage du cheval date des guerres de Bourgogne où, parmi le butin, se trouvaient 20.000 chevaux. La vente de ceux-ci représentait une telle somme que l'intérêt à l'élevage en fut éveillé.

Jusqu'au xviiime siècle, on ne trouve que peu ou point d'écrits concernant l'élevage du cheval. C'est sans doute la preuve que celui-ci ne reçut pas une direction bien définie, et pour cette raison, il n'est pas possible de parler de races suisses, mais seulement de types.

Ce n'est que vers la fin du xviiime siècle que l'élevage du cheval, intéressant le pays tant au point de vue militaire que commercial, reçut pour la première fois des autorités une aide notoire. Ce fut l'achat d'étalons étrangers de l'Oldenburg et du Holstein. Par contre, le meilleur stimulant pour l'amélioration de l'élevage fut l'introduction en l'année 1725 des primes pour étalons, en 1762 pour les juments et en 1784 l'institution des concours généraux des primes.

Dans leurs écrits, tous les auteurs d'alors sont unanimes à reconnaître que les Suisses, par l'amélioration apportée à leur élevage, avaient des sujets très forts, très résistants et qui demandaient peu de soins, mais en même temps d'un prix

Pâturage

si élevé que pour les pays acquéreurs, c'était un tribut difficile à supporter.

Notre élevage fut à son apogée au début du XIXme siècle, vers l'année 1813, qui vit la France, un des principaux débouchés avec la Lombardie, acheter 10.000 chevaux suisses.

A partir de cette date, l'élevage commença à perdre de son lustre. La première cause de cette décadence fut, sans contredit, le développement de l'élevage bovin dans le Simmental dont la rentabilité fut très supérieure pendant quelques années à celle du cheval. Une autre cause fut assurément le manque de place, la cherté des pâturages disproportionnée à leur rendement, et enfin, peut-être, l'apport excessif de sangs étrangers différents qui brouilla pendant un certain temps la direction de l'élevage.

Au cours du XIXme siècle, l'organisation d'expositions d'étalons et de juments, l'institution des primes, les subventions aux pâturages à poulains, ainsi que les primes accordées aux exploitations faisant hivernage donnèrent de bons résultats. Parmi les différents sangs étrangers importés en Suisse en vue de l'amélioration de l'élevage, seul le sang anglo-normand donna des résultats satisfaisants.

En terminant, notons encore l'aide précieuse du Dépôt d'étalons et de poulains d'Avenches, établissement fondé en 1900, dont nous parlerons plus loin, ainsi que la mise sur pied de septante-huit syndicats chevalins.

II. RACES ET TYPES DE CHEVAUX EN SUISSE

Après avoir mentionné dans le chapitre précédent le cheval « celte » et le cheval « suisse », voyons maintenant dans ses grandes lignes de quoi se composait notre élevage et ce qui en reste à l'heure actuelle. Il y a un siècle, les différents types de notre élevage se classaient comme suit :

1. Le type d'Einsiedeln, fondateur de la race de Schwytz.
2. Le type de l'Emmental, apparenté à la race de Schwytz.
3. Le type d'Erlenbach.
4. Le type du Jura, dénombré en :
   Franc-Montagnard.
   Delémontais.
   Bruntrutain.

Pour être complet, ajoutons encore que le canton des Grisons connut deux types de chevaux, celui du Prättigau, un cheval froid et commun, ayant beaucoup d'os, dont le sang d'Einsiedeln améliora forme et tempérament; celui d'Obersaxen, un petit cheval de montagne sobre et d'entretien facile, descendant des chevaux des steppes de Russie, qui restèrent en Suisse après les guerres de Napoléon Ier.

Dans le canton de Berne, outre le type de l'Emmental, existait le cheval de Berne qui se divisait en de nombreuses ramifications. C'était un bon cheval de travail, large de poitrine, possédant un garrot développé, un bon dos et des jambes saines. Sa couleur tirait sur le foncé.

Les types de Fribourg et Vaud, qui étaient de grands chevaux de 1 m. 65 au garrot, rappelaient en plus grand le type du Jura.

Et pour finir, le type du Seeland, un petit cheval de 1 m. 35 à 1 m. 45 au garrot, qui fut très estimé pour ses qualités, principalement pour sa sobriété.

A l'heure actuelle, notre élevage comporte les types suivants :

1. L'ÉLEVAGE DU PUR-SANG

Il ne peut être question chez nous d'un élevage du pur-sang proprement dit, car il n'est pratiqué que par deux écuries privées dont les efforts sont d'autant plus louables. Au haras d'Arniberg près de Horgen, appartenant à Mme Schwarzenbach-Wille, la monte est faite par l'étalon français « Padichah » (de Priori et Pamphila), tandis qu'au haras de Rohrzelg près de Kloten, propriété du Dr Eugène Dubs, c'est « Mullingar » (de Magellan et Ombelle) qui a les honneurs, étalon également de provenance française. Ces deux étalons furent très remarqués dans les courses soit à l'étranger, soit en Suisse. Les amateurs de courses doivent encore tous se rappeler la série presque ininterrompue de victoires du crack « Mullingar ». Padichah et Mullingar sont représentés depuis 1942 sur nos champs de courses par leurs produits, qui ont déjà obtenu de nombreux succès.

2. L'élevage du demi-sang

a) *Le type d'Einsiedeln.*

La situation du Prince Abbé d'Einsiedeln comme prince allemand l'obligeait à se rendre de temps à autre à la Cour de l'Empereur; d'autre part les pèlerinages à la cellule de St-Meinrad et le service de ses œuvres charitables lui imposaient l'entretien d'un certain nombre de chevaux de selle et de trait.

La première mention exacte de l'existence d'un élevage au couvent remonte au XIme siècle, mais le plus vieux document date de l'Abbé Conrad et c'est un compte de l'année 1513 qui relève un mouvement de trente-deux chevaux. En 1655, le R. P. Joseph Reider a composé le premier livre d'élevage du couvent. On comptait à ce moment septante et un étalons, juments et chevaux. Cet élevage a connu des périodes prospères. Il fournit actuellement une quinzaine de produits par année. Le Dépôt de remonte de cavalerie à Berne y acheta pour la dernière fois deux chevaux en 1932. Le cheval d'Einsiedeln est un cheval de sang, d'un type agréable, très prisé dans la région dont il est originaire. Sa robe, foncée il y a quelques années, donne maintenant dans l'alezan et le bai clair. A la base de son sang on retrouve l'anglo-normand.

b) *Le type des Ormonts.*

Ce type provient de la race d'Erlenbach qui s'étendait jadis d'Erlenbach, son lieu d'origine, jusque dans le pays de

Vaud en passant par le Pays d'Enhaut. Ses ascendances ne sont pas encore éclaircies. Entre les nombreux étalons de sang étranger importés, relevons entre autres des étalons danois, mecklembourgeois, oldenbourgeois et peut-être un étalon espagnol qui paraît avoir été un excellent raceur. Le cheval d'Erlenbach était un cheval à deux mains, de taille moyenne, de robe foncée, résistant et facile d'entretien, qui eut son succès surtout comme cheval de trait léger. Le type des Ormonts rappelle aujourd'hui encore la race d'Erlenbach dont le dernier représentant est mort en 1933.

c) *Le type de Zofingue et de Lilienthal.*

Un demi-sang, ayant comme base du sang du Holstein, est élevé déjà depuis un certain temps par le Syndicat chevalin de Zofingue. Ses produits sont employés aussi bien pour l'équitation que pour l'agriculture, et satisfont ainsi à tous les désirs de leurs éleveurs. Le 25 mars 1941 fut fondé le Syndicat chevalin de Lilienthal. Cet élevage suscita alors dans toute la Suisse orientale un très vif intérêt. Pendant la première année, l'étalon Jupiter I, de provenance du Holstein, suffit pour la reproduction. Mais déjà l'année suivante, il fallut augmenter le nombre des étalons qui aujourd'hui sont quatre, à savoir « Maibach », « Napf », « Jupiter II » et son fils élevé en Suisse « Janos ». Le Syndicat de Lilienthal se donne comme tâche de faire saillir des juments qui répondent à la forme et aux caractéristiques du type. Grâce aux résultats, on se propose de développer cet élevage par des sujets répondant le mieux aux caractéristiques demandées.

Elevage

3. L'élevage du cheval de trait

a) Le type franc-montagnard.

b) Le type de Berthoud.

c) Le type de Bremgarten.

Cet élevage a commencé dans des temps très anciens, mais le début d'un élevage systématique peut être fixé à la naissance de l'étalon « Vaillant », fondateur de la race, né le 5 avril 1891, chez Paul Vermeille à Saignelégier où il fit la monte jusqu'en 1899. Il remontait en quatrième génération à l'étalon « Leo », demi-sang anglais importé en 1865. Plus des deux tiers de l'élevage actuel a du sang de « Vaillant » dans les veines. Les deux lignes principales issues de cet étalon sont : « Vaillant », « Ravachol », « Pacha », « Pérou » et « Vaillant », « Vacher », « Rubis », « Remus ».

La race est actuellement divisée en onze familles dont la première est représentée par « Vaillant ». A côté de celle-ci mentionnons la troisième, celle d'« Imprévu » qui était un anglo-normand bai foncé importé en 1899. « Imprévu » a donné à la race une belle ligne de dessus et des allures bien développées.

La onzième famille prend racine dans l'étalon « Peter » à qui avait été attribué le prix d'honneur du vainqueur à l'Exposition de Munich en 1905. C'était un représentant typique de la race grande et lourde des Ardennes. Il peut être considéré comme étant l'étalon fondateur du type de

Berthoud qui ressemble en plus grand et plus lourd à celui du Jura.

L'élevage de Bremgarten est de même origine que celui du Jura et reste dans les mêmes traditions. Il donne d'excellents produits.

Le cheval du Jura, type Franches-Montagnes, doit être considéré comme étant une race bien fixée. Il n'a pas l'élégance d'un demi-sang, mais il a cependant des formes harmonieuses. Il possède aussi du tempérament, de l'énergie, et est aussi sobre que bon assimilateur.

Le marché veut un cheval de trait léger, d'entretien facile, résistant aux maladies, d'un bon caractère et d'un certain chic. La Suisse possède tout cela dans l'élevage du Jura. Il faut s'y tenir et ne pas demander à ce cheval d'être un cheval de selle. Il satisfait aux multiples besoins de l'agriculture et peut être utilisé avantageusement par tous les services de l'Armée, à l'exclusion de la cavalerie.

III. LE PUR-SANG

D'après leur origine, et suivant les fins auxquelles on les destine, on peut classer les chevaux en quatre grandes catégories :

Le pur-sang, objet de ce chapitre et dont nous parlerons ci-après.

Le demi-sang, qui est le croisement d'un pur-sang avec un cheval du pays. Pour que ce produit garde toutes ses qualités, il est absolument nécessaire de pourvoir régulièrement à sa régénération par l'apport de sang étranger pur. L'élevage du demi-sang fournit des chevaux de selle de bonne qualité, endurants et agréables.

Les chevaux à sang chaud, comme les demi-sang, sont le produit d'un croisement de pur-sang et d'un cheval du pays. Ils s'en distinguent cependant par leur hérédité qui est telle qu'elle dispense de l'apport de sang étranger. C'est le type du cheval de selle dont les qualités permettent pourtant son emploi « à deux mains ».

Le cheval à sang froid au contraire est celui qui ne descend pas d'un pur-sang. Il s'agit avant tout, et exclusivement, d'un cheval de travail. De stature très variable, ce peut être aussi bien le petit cheval de Haflinger (Autriche), que notre Franches-Montagnes, ou le gros Percheron. C'est un cheval employable au pas, au trot, mais pour lequel le galop est une allure dépassant ses moyens.

Tout le monde connaît les particularités d'un cheval de trait ou d'un demi-sang, lequel est le cheval de selle courant. Mais peu connaissent les caractéristiques du pur-sang. C'est pourquoi nous voulons répondre à la question : qu'est-ce qu'un pur-sang ?

Relevons tout d'abord que trois catégories de chevaux ont le droit de s'attribuer le titre de pur-sang :

1) le cheval arabe dénommé également pur-sang oriental. Dans les pedigrees on le reconnaît par les lettres « OX » ajoutées à son nom ;

2) le pur-sang de père arabe. Dans les pedigrees de demi-sang, ce pur-sang est noté par les lettres « XX » qui suivent le nom ;

3) le pur-sang anglo-arabe qui est, dirons-nous, un produit artificiel du sol français ayant pour base le pur-sang anglais.

Ce que l'on entend en général par pur-sang, c'est le pur-sang anglais. Par contre, l'anglo-arabe qui est un sous-produit du pur-sang anglais ne peut absolument pas se comparer à ce dernier au point de vue tradition.

Un pur-sang est un cheval qui descend directement de trois étalons : « Byerly Turk », importé en 1689, « Darley Arabian », importé en 1706, et « Godolphin Arabian », importé en 1730. Ces trois étalons portent le nom de leurs propriétaires anglais.

Un pur-sang est un cheval qui descend en ligne directe, du côté père, de l'un de ces trois étalons. Les Français ont appelé ceux-ci les « étalons fondateurs ».

De toute la descendance de ces trois étalons fondateurs, il n'est resté que trois étalons qui sont « Matchem », né en 1748 de la famille de Godolphin Arabian, « Herod », né en 1758 de la famille de Byerly Turk, et « Eclipse », né en 1764 pendant une éclipse de soleil, d'où son nom, de la famille de Darley Arabian.

Les trois derniers étalons nommés ont pour nous une importance primordiale, car ce sont eux seuls qui possèdent et peuvent transmettre le sang des étalons fondateurs.

De ces trois étalons, « Eclipse » était d'une classe tellement supérieure que sur dix-huit courses sévères, il s'est classé dix-huit fois premier avec une telle supériorité sur ses adversaires que, dans 80 % de ses courses, il passa la ligne d'arrivée avant que le deuxième ait atteint la borne de distance qui se trouve à 200 mètres du but. D'où le verdict du jury : « Eclipse first; the rest nowhere », ce qui signifie : « Eclipse vainqueur, les autres nulle part. »

Pour contrôler la descendance directe et certaine des étalons fondateurs sans aucune possibilité d'erreur, Waetherby a édité en 1791 un livre qui s'appelle « General Stud Book ». A la base de ce livre se trouvent tous les livres de « Match » parus depuis 1737.

Dans le premier General Stud Book on ne trouve que des chevaux descendant en ligne directe d'un des étalons fondateurs et d'une des juments fondatrices et seul un de ces chevaux a le droit de s'appeler « pur-sang ».

Les « juments fondatrices » appelées aussi « juments primitives » étaient au nombre de quarante-trois et c'est l'Australien Bruce Lowe qui les a classées en quarante-trois familles. De ces quarante-trois familles, il est à relever que ce sont les familles une à six qui ont donné les meilleurs produits.

Trois étalons de descendance directe des trois étalons

fondateurs de sang oriental et quarante-trois juments provenant d'un croisement d'étalons orientaux et de sang anglais forment un type de cheval qui dépassait en son temps, au point de vue endurance, vitesse et beauté, n'importe quel cheval d'alors et qui a été capable de transmettre ces qualités jusqu'à nos jours.

Ce type de cheval, c'est le « pur-sang ».

IV. LES ÉTABLISSEMENTS MILITAIRES FÉDÉRAUX

1. La Régie fédérale des chevaux a Thoune

Les débuts de la Régie remontent à 1850 et son effectif fut tout d'abord de trente chevaux. A la suite de diverses réorganisations de l'Armée et d'une augmentation constante de ses effectifs, la nécessité d'un plus grand nombre de chevaux de selle devint urgente.

En 1864, le colonel von Linden fut nommé directeur de la Régie qui dépendait alors directement du Département militaire fédéral. L'effectif des chevaux était de cent vingt, de races mélangées. Jusqu'en 1885, la Régie était située au milieu de la ville de Thoune, dans les écuries de la commune, où se trouve actuellement l'Infirmerie vétérinaire.

En 1892, le Département militaire fédéral alloua des crédits pour la construction de l'établissement actuel, au Schwäbis. C'est à ce moment que les anciennes écuries furent affectées au service de l'Infirmerie. A cette époque, l'effectif atteignait près de six cents chevaux.

En 1893, le dressage des chevaux reçut une nouvelle impulsion par la nomination de deux maîtres d'équitation.

Dès 1894, la Régie contrôla la fourniture des chevaux pour l'ensemble de l'Armée, avec un officier de fourniture pour chacune des trois régions suivantes : Suisse orientale, Suisse centrale, Suisse occidentale.

Vers 1900, par ordre du Département militaire, les employés de la Régie furent dotés d'un uniforme.

On ne peut parler de la Régie sans parler du colonel Ziegler qui en fit un établissement modèle au cours de ses vingt-cinq années de commandement. A son départ, la Régie fut réorganisée complètement et au lieu de dépendre directement du Département militaire, elle fut rattachée aux troupes légères. En même temps, la fourniture des chevaux fut attribuée au Service vétérinaire.

Le colonel Thommen a repris la direction de la Régie à ce moment-là avec le titre de commandant.

Le but de la Régie, avant la guerre, était d'assurer pour le temps de guerre des chevaux à tous les officiers supérieurs et aux capitaines d'artillerie. Depuis la guerre, elle est la première réserve de chevaux militaires. En attendant l'éventualité d'une guerre, ces chevaux sont employés dans toutes les écoles et cours spéciaux, sauf ceux de cavalerie.

Lors de leur importation, les chevaux ont en général 4 ans. Pour faciliter le contrôle, ils sont baptisés dans l'alphabet en cours, d'un nom dont la première lettre donne l'âge et la seconde la race et la date d'importation. La première est toujours une consonne, la seconde toujours une voyelle. Les voyelles A, E, I, O = Irlandais (A = janvier, E = Pâques, I = été, O = automne). La voyelle U = Hongrois.

En 1937, les B avaient 4 ans.

Le cheval Darius a donc 10 ans en 1945 et est un Irlandais et le cheval Budapest 12 ans et de race hongroise.

Exception : Les COU sont hongrois. Les CU n'existent

pas. Dans l'ancien alphabet, tous les chevaux de même consonne initiale suivie de n'importe quelle voyelle sont irlandais. Excepté Y et Z, qui ajoutés aux voyelles initiales U et Ü sont alors hongrois.

Les chevaux dont le nom commence par A sont des remontes de cavalerie brûlées à l'encolure et qui ont été transférées à la Régie.

Cette théorie fut un peu bouleversée par la guerre de 1939. Jusqu'aux FE qui sont les derniers irlandais importés, tout joue fort bien. Depuis lors, race et âge diffèrent de la règle établie du fait des difficultés d'importation.

Les FO sont hongrois.
Les GA, HA, HE, KA sont danois.
Les LA sont italiens.
Les LE sont irlandais.

D'après ces quelques indications, le cavalier sera renseigné immédiatement sur le cheval qu'il devra monter.

2. Le Dépot fédéral de remonte de cavalerie a Berne

L'idée d'un dépôt de remonte est née aux environs de 1870. Il est formellement prévu dans l'Organisation militaire de 1874. Il faut attendre encore un certain temps pour que soit créé un dépôt unique. Il en existe tout d'abord plusieurs, sur les places d'armes de Berne, d'Aarau, de Lucerne, de Zurich, de Winterthour, sur lesquelles des écoles de recrues suivent les cours de remonte.

Les chevaux qui, à la fin d'un cours de remonte, étaient malades ou insuffisamment préparés, étaient envoyés, au cours suivant, dans un autre dépôt.

Cependant, cette dispersion comportait de gros inconvénients et en 1890 un dépôt central fut institué à Berne.

En 1891 fut créé à Hofwil un établissement dépendant du dépôt où l'on envoyait soit les jeunes chevaux importés, en vue de leur acclimatation, soit les chevaux malades. Il y avait place pour 200 chevaux. L'établissement de Hofwil se révéla bientôt insuffisant et en 1899, le Conseil fédéral décida la création d'une station d'acclimatation près de Schönbühl, le Sand, où il y eut tout d'abord place pour 370, puis pour 490 chevaux.

Le dépôt central fut successivement agrandi, soit par la construction de nouvelles écuries, soit de manèges et encore d'une remise pour les voitures. Ces agrandissements eurent lieu en 1904, 1905, 1907, 1912, 1924, 1928 et 1941.

En 1935-1936, l'Infirmerie vétérinaire fut dotée des installations les plus modernes et de laboratoires.

Au moment de son ouverture, le dépôt central avait comme personnel un commandant, un adjoint, un vétérinaire, un secrétaire et deux aides. Ce personnel s'est progressivement accru et atteint aujourd'hui un effectif de près de cinq cents hommes.

Les installations actuelles se composent de trois grands manèges, d'une remise pour les voitures, d'écuries pouvant contenir mille cent chevaux et de deux parcs d'obstacles.

Si l'on ne peut pas parler de la Régie sans évoquer le nom du colonel Ziegler, on ne peut pas parler de la Remonte sans nommer le colonel Haccius, autorité internationale en matière de concours hippiques, qui a conduit, pendant des années, l'équipe suisse à la victoire.

Son successeur et commandant actuel de la Remonte est le lieutenant-colonel von der Weid.

Le but de cet établissement est de remonter tous les cavaliers incorporés dans la cavalerie.

3. Le Haras fédéral d'Avenches

Le 1er juillet 1898, l'Assemblée fédérale décida de fonder un haras fédéral à Avenches et vota un premier crédit de 372.000 francs augmenté par la suite de différents crédits atteignant la somme de 715.500 francs jusqu'en l'année 1900.

Le Conseil fédéral acheta à la commune d'Avenches et à plusieurs propriétaires un terrain de 100 hectares entre le canal de la Broye et l'ancienne Broye. Les bâtiments furent élevés sur des terrains attenants et la superficie totale du haras s'élève à 148 hectares.

Le dépôt des étalons abritait, en 1904, cent trois étalons. Après 1920, ce chiffre tombe d'année en année jusqu'à cinquante à soixante et reste stationnaire. La plupart des sociétés d'élevage du cheval se désintéressent du demi-sang pour s'adonner à l'élevage du cheval de trait.

La demande en pur-sang et demi-sang tombe rapidement pendant que les étalons de trait sont recherchés. De 1905 jusqu'à 1923, le Haras fédéral vendit aux enchères vingt-cinq étalons de trait à des sociétés d'élevage. Mais plusieurs d'entre elles ne purent entretenir leur propre étalon. C'est pourquoi le Haras fédéral se vit obligé de les secourir et de se substituer à elles.

De ce fait, en renonçant à l'élevage du pur-sang et du demi-sang, les chevaux du haras ne sont plus mis à la selle, mais seulement attelés et menés en guide.

Au début du siècle, l'état du haras présentait une grande diversité de races. Ces derniers temps, l'élevage se fait dans un but bien défini : on accède au désir des éleveurs et on crée un cheval de trait pour la campagne et pour l'armée.

Le dépôt des jeunes étalons a pour tâche de fournir au haras le nombre d'étalons nécessaire à ses besoins.

Pour compléter l'effectif déficient, on achète chaque année des étalons de six mois bien développés et de bonne souche. Une commission estime deux fois par an ces animaux. Elle fait castrer les bêtes impropres à une bonne reproduction et les envoie à « Longs Prés » où elles sont élevées jusqu'à l'âge de 2 ans et demi à 3 ans et demi, puis vendues aux enchères.

En 1900, M. le Dr Schwendimann, vétérinaire au Dépôt fédéral de cavalerie, fut nommé directeur du Haras d'Avenches par le Conseil fédéral. Lui succédèrent à ce poste le lieutenant-colonel F. Schär, puis le Dr U. Gisler et enfin l'actuel directeur, le Dr Baumann, qui dirige le haras avec initiative et clairvoyance.

V. HOMME ET CHEVAL

1. Le dressage

Le dressage est la manière d'apprendre à un cheval ce que l'on attend de lui. Des lois, des principes immuables, fruits d'une longue expérience, sont à la base du dressage. A la fin de celui-ci, le cheval a donc de l'école, c'est-à-dire une base, une ligne de conduite dans laquelle il est assez facile de le ramener en cas de désobéissance.

2. L'accoutumance

L'accoutumance est l'action de se familiariser avec une chose. On entend par là le fait d'habituer simplement le cheval au cavalier. Un cheval qui a un défaut de caractère assez grave pourra servir à l'homme par le dressage et non par l'accoutumance.

3. Le manège

Le manège a un but instructif, théorique. C'est au manège que le cavalier apprendra le plus facilement les aides.

Il existe deux sortes de manèges. Les premiers dits « fermés » et les seconds dits « ouverts ». En règle générale, si le temps le permet, c'est dehors, sur un grand carré qui fera l'office de manège ouvert, qu'il faut travailler.

4. Le terrain

Le terrain a un but instructif pratique. C'est dans le terrain que l'élève augmentera sa sûreté et deviendra un cavalier.

5. Le travail individuel

But : *a)* Conduite.
       b) Corrections individuelles.
       c) Exercices individuels.

6. Le travail en section

But : *a)* Discipline.
       b) Présentation de la classe dans son ensemble et non des cavaliers pris individuellement.

7. L'intellect

Avant d'aborder un cheval, il est essentiel de savoir comment son intellect réagit. Il va sans dire que nous n'employons pas le terme d'intellect au sens propre. En effet, il faut distinguer entre l'intellect, d'une part, les sens et l'esti-

Cavalier du dimanche

mation, d'autre part. Le cheval, contrairement à l'homme, ne réfléchit pas; par contre, il agit par association des sensations reçues et ceci en fonction de la prodigieuse mémoire dont il est doué. C'est de cette manière que nous entendons parler de l'intellect du cheval.

Un exemple illustrera notre pensée. En donnant, par tapotement, de la cravache sur l'épaule gauche du cheval, on a obtenu par accoutumance qu'il se couche. A l'avenir, il suffira à un cavalier, même inexpérimenté, de donner de la cravache sur l'épaule gauche et le cheval, associant « cravache sur l'épaule gauche » et « se coucher », se couchera.

Mémoire d'un côté, aucune réflexion, mais association de l'autre. Il saute maintenant aux yeux de chaque cavalier qu'il est d'une importance primordiale que tout ce que l'on demande d'un cheval soit toujours fait d'une manière scrupuleusement logique.

8. LES RAIDEURS

La source des raideurs est dans la nature du cheval. En règle générale, les chevaux sont gauchers comme les hommes sont droitiers. Un être est droitier si les centres moteurs se trouvent du côté gauche de l'encéphale.

Ce fait est d'une importance primordiale pour le cavalier, car une raideur est un signe de force : le côté dit raide ayant des vaisseaux plus riches en sang que le côté dit souple. Chez l'homme, par l'inaction du bras droit, il devrait être assez facile d'égaliser souplesse et force des côtés droit et gauche. Le cheval ne pouvant être soumis à l'inaction d'un côté, il faut bien le travailler tout entier. Si une raideur se montre, par exemple à gauche, ne pas la combattre en ayant un appui exagéré de la rêne gauche et un appui faible ou inexistant de la rêne droite. Le travail étant accompli sur une contraction, sur une force, n'aura pas comme résultat son assouplissement, mais au contraire l'augmentation de la raideur. Il faut chercher un appui égal des deux rênes, un peu plus fort à droite et, par un travail de rendre et reprendre, donner à gauche un appui continuellement changeant. Une autre source de raideur provient de différentes causes telles qu'un jarret défectueux ou un dos faible. Dans ce cas, le cavalier ne doit pas forcer sur cette faiblesse, mais se contenter d'un degré inférieur de perfectionnement afin de ne pas aggraver un défaut déjà existant.

VI. FIGURES DE MANÈGE

Le maître d'équitation a deux moyens à sa disposition pour commander un mouvement :

1) Le commandement : Exemple : « Sur main droite, individuellement au pas ! » Le commandement se donne en entier et celui qui le reçoit l'exécute dès qu'il est prêt. Il peut donc exister un léger flottement entre le moment où un commandement est donné et celui de son exécution.

2) L'ordre : Exemple : « Sur main droite, section au pas, marche ! » Au contraire du commandement l'ordre est composé de deux phases. La première préparatoire, la seconde exécutive.

L'ordre préparatoire se donne tôt, c'est-à-dire jusqu'à une demi-longueur de manège avant son exécution. Un commandement ou un ordre, même donné trop tôt, ne sera jamais une faute, mais celui donné trop tard en sera toujours une.

En langage courant « ordre » et « commandement » se confondent sous le même terme : commandement. Ce qui les différencie dans l'énoncé, c'est que le commandement comprend toujours le terme « individuellement », tandis que l'ordre comprend « le terme d'exécution ».

Fig. 1. Dans un manège, les points principaux sont théoriquement représentés par des lettres, de façon à permettre aux cavaliers de savoir à la vue de ces points de repère, où ils devront effectuer les différentes figures d'une épreuve de dressage. Les lettres des angles se trouvent toujours à 6 mètres des coins. La grandeur réglementaire d'un manège, ouvert ou fermé, pour une épreuve de dressage, est de 60 mètres sur 20 mètres.

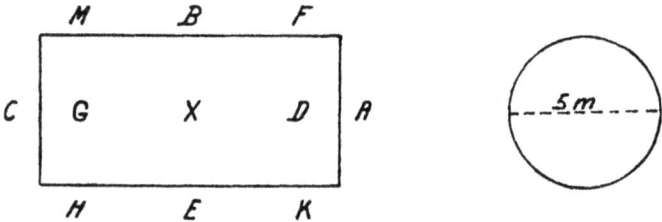

Fig. 2. La base de toute conversion est une volte d'un diamètre de 5 mètres.

Fig. 3. Un cavalier qui double dans la longueur du manège en C (un à droite) pour monter sur la ligne C - A devra donc quitter la paroi 2 m. 50 avant C et rejoindre la ligne du milieu 2 m. 50 après C. Le rayon de la conversion augmente en proportion de l'allure.

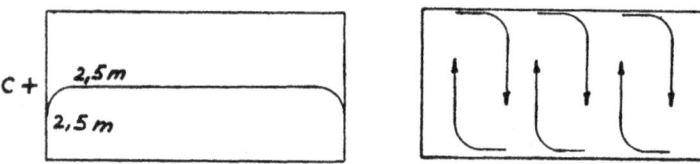

Fig. 4. Au commandement de : « Individuellement, doublez dans la largeur! » le cavalier traverse le manège perpendiculairement, d'une longue paroi à l'autre. Au commandement de : « Individuellement, doublez dans la longueur! » le cavalier traverse d'une courte paroi à l'autre.

Les cavaliers trop rapprochés du coin continuent de marcher sur la piste, et dépassent le coin pour aller doubler régulièrement dans la largeur, ou dans la longueur.

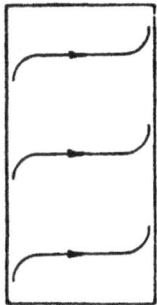

Fig. 5. Au commandement de : « Individuellement, changez de main ! » il est recommandé, si la classe se trouve au trot enlevé, de ne pas effectuer le changement par un demi-tour à gauche ou à droite, mais de traverser le manège et de changer de main en arrivant à la paroi opposée.

Fig. 6. « Dans la demi-longueur du manège, changez ! » A ce commandement, le cavalier doit s'efforcer d'entrer dans le coin et de ne quitter la longue paroi qu'en H, de monter droit sur la ligne H - B et de rejoindre la longue paroi 1 mètre avant B. La ligne pointillée nous montre la faute la plus courante.

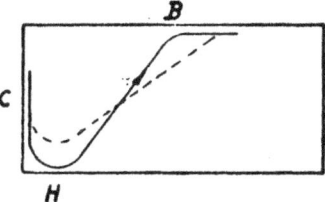 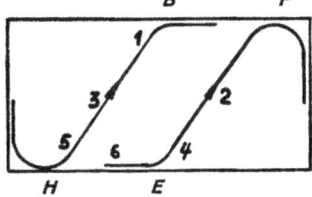

Fig. 7. « Par demi-section, dans les demi-longueurs du manège, changez ! » A ce commandement, les cavaliers impairs changent de H à B et les cavaliers pairs de E à F. L'exécution de cette figure est régie par les mêmes lois que la figure précédente. En se séparant, les cavaliers doivent garder la même cadence, sans quoi ils perdraient leur distance en se retrouvant en F.

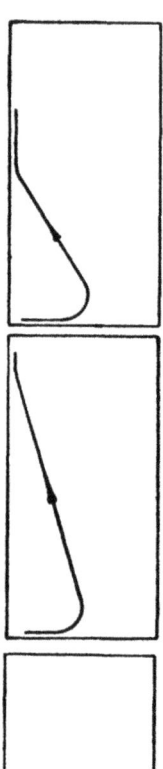

Fig. 8. « Depuis le milieu, dans la demi-longueur du manège, changez! » La conversion, par laquelle débute cette figure, doit être tangente à la ligne du milieu.

Fig. 9. « Depuis le milieu, dans la longueur du manège, changez! » Même exécution qu'à la figure 8.

Fig. 10. « Depuis le coin, demi-tour à gauche (à droite), changez! » Cette conversion est une demi-volte de 5 mètres de diamètre. Le cavalier de tête marchera sur la piste intérieure jusqu'à la prochaine courte paroi et là seulement reprendra la piste extérieure. Tous les cavaliers de la section devront également rester sur la piste intérieure.

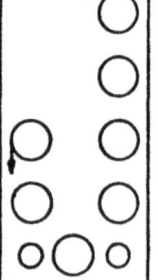

Fig. 11. Le commandement « Petite volte, marche! » est donné quand le cavalier de tête se trouve vers la fin de la longue paroi. Chaque cavalier exécute individuellement sa volte d'un diamètre de 5 mètres. Seul, celui qui se trouve dans le coin fait une volte plus petite, même si l'allure commandée doit en supporter les conséquences, de façon que les cavaliers placés

devant et derrière lui ne soient pas gênés dans leur mouvement et puissent exécuter leurs voltes exactement.

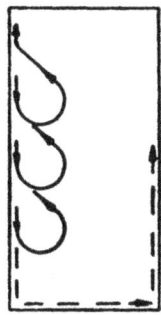

Fig. 12. « Demi-tour à gauche (à droite), changez ! » Dans ces conversions, exécutées depuis le trot, le commandement « changez ! » est donné quand le dernier cavalier a dépassé de 2 mètres la croix au début de la longue paroi, afin qu'il puisse terminer sa conversion avant le coin. De cette manière, la fin de la classe devenant la tête, aura toute facilité pour garder les distances, puisque dans la conversion les cavaliers ne seront pas séparés par un coin du manège.

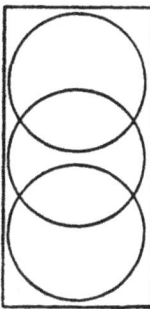

Fig. 13. Cette figure nous montre la position respective des trois grandes voltes. « Grande volte du milieu, marche ! » Le commandement d'exécution se donne 3 mètres avant que le cavalier de tête ait atteint le milieu de la longue paroi.

Par le commandement « En avant, marche ! » la classe se retrouve à nouveau sur la piste extérieure du manège.

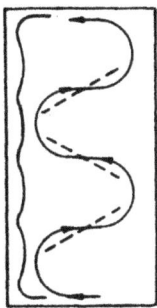

Fig. 14. « Serpentine à la paroi ! » et « Serpentine à travers tout le manège ! » Pour le second commandement il est à noter que les boucles des demi-voltes doivent s'arrêter à 2 mètres des longues parois et que le cavalier doit se trouver perpendiculaire à celles-ci en coupant la ligne du milieu. La ligne pointillée montre la faute la plus courante.

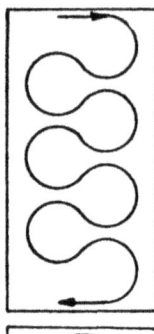

Fig. 15. Plus le nombre des boucles de la serpentine augmente, plus il faudra revenir en arrière pour couper la ligne du milieu de façon à augmenter leur nombre.

Fig. 16. « Dans la volte, changez ! » Ce commandement doit être donné à l'un des trois points où la volte touche les parois. Ici également le cavalier doit se trouver bien droit sur la ligne du milieu. Le trait pointillé montre la faute possible.

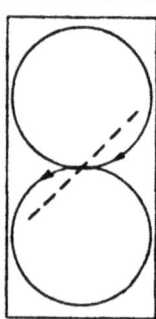

Fig. 17. « Les voltes, changez ! » Même principe que pour la figure 16.

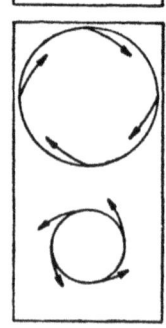

Fig. 18. Au commandement « Agrandissez la volte ! » (Rétrécissez !), les distances doivent toujours rester proportionnelles à la grandeur de la volte.

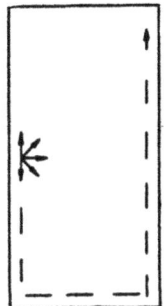

Fig. 19. Arrêt, demi-tour sur les épaules ou sur les hanches, au pas et au trot, se commandent quand le cavalier de tête se trouve vers la fin de la longue paroi. Les cavaliers ne s'arrêtent jamais dans les coins, mais soit à la longue, soit à la courte paroi.

Fig. 20. « Section demi-tour, marche, en avant, marche ! » Au commandement de « Demi-tour ! » la classe s'arrête, à

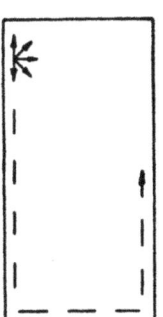

« Marche ! » elle effectue un demi-tour sur les hanches, à « En avant ! », elle se met au pas et à « Marche ! » au galop. Dans cette figure, le maître d'équitation doit donner le commandement quand le cavalier de queue se trouve au début de la longue paroi, de manière que celui-ci, après avoir effectué son demi-tour, ait toutes les facilités pour partir au galop juste. En effet, si le premier cavalier part au galop à faux, les distances se perdent au moment où il effectue son changement de galop.

Notons en passant que si un cavalier de la classe galope à faux, il ne devra changer de galop que dans les coins. Il doit, avant le changement, serrer sur le cavalier qui le précède pour avoir sa distance exacte après la demi-parade.

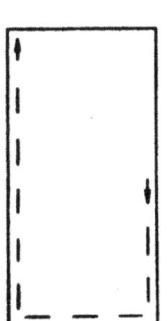

Fig. 21. « Au galop, marche ! » Le commandement d'exécution doit se donner quand le cavalier de tête est à la fin de la longue paroi.

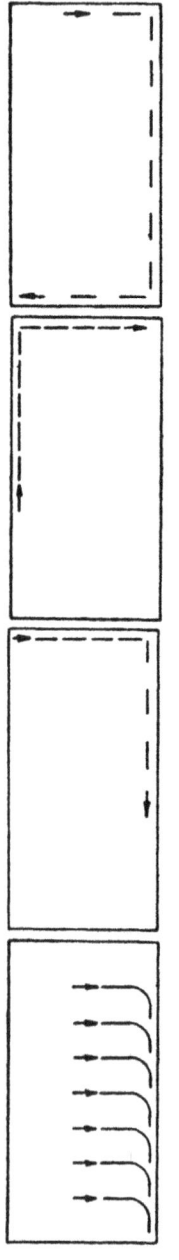

Fig. 22. Exceptionnellement, le commandement d'exécution du galop sera donné quand la tête est à la fin de la courte paroi. On ne procédera ainsi que pour faciliter le départ à un quatrième ou cinquième cavalier qui se trouverait précédemment toujours au galop à faux.

Fig. 23. Cette figure montre la classe serrée à un pas. En pratique, cette distance sera sensiblement plus courte pour donner plus de cohésion à la section.

Fig. 24. « A trois pas de distance (une longueur de cheval), tête au trot, marche! » Ce commandement se donnera toujours quand le cavalier de tête est au début de la longue paroi.
« A un pas de distance, tête au pas, marche! » Il faut donner ce commandement quand la tête de la classe se trouve à la fin de la longue paroi.
En règle générale, on augmente l'allure au début de la longue paroi et on la raccourcit à la fin de celle-ci.

Fig. 25. « Position à droite, section au pas, marche! » Les cavaliers, alignés, doivent monter perpendiculairement jusqu'à la longue paroi.

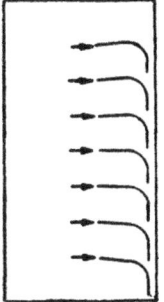

Fig. 26. Cette figure nous montre que pour garder les distances, il est bon que la section de droite rejoigne la paroi un tout petit peu à droite de la perpendiculaire, et la section de gauche, un tout petit peu à gauche de celle-ci. De cette manière la classe ne marquera pas un temps d'arrêt au moment où elle rejoint la piste extérieure.

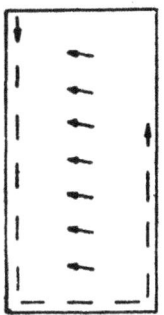

Fig. 27. « Tête direction à gauche, à gauche en ligne, marche! » A l'exécution de ce commandement, les cavaliers ont tendance à quitter la paroi en même temps que leurs prédécesseurs. La distance étant de trois pas et la longueur du cheval de trois pas également, ils arriveront sur la ligne du milieu avec des intervalles trop grands. Comme ils ne doivent avoir que 3 mètres d'intervalle, ils s'efforceront de régler leur distance. Si la jambe manque, ce réglage se fera sur un effet de main, d'où une position oblique des chevaux.

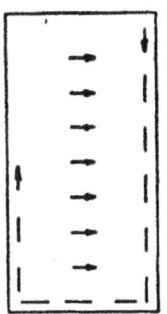

Fig. 28. « Tête direction à droite, à gauche en ligne, marche! » A ce commandement, le cavalier devant tourner autour de celui qui le précède, arrivera facilement dans une position perpendiculaire à la ligne du milieu, mais les chevaux ayant tendance à coller l'un contre l'autre, il y a des chances pour que les distances deviennent insuffisantes.

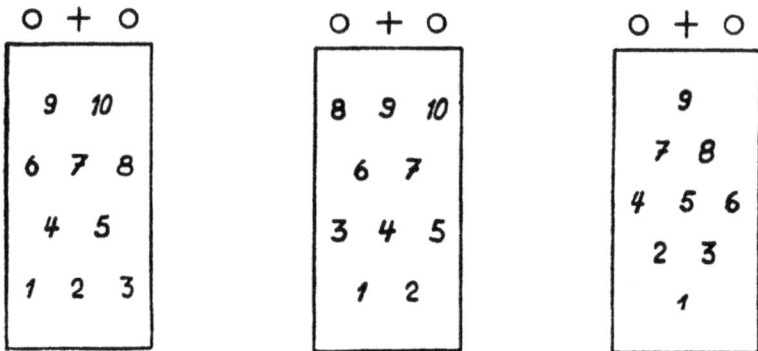

Fig. 29, 30 et 31. « Par groupes, dans la longueur, doublez ! » La difficulté de cet exercice réside dans le fait qu'il faut marcher exactement sur les trois lignes notées dans le manège dar deux points et une croix, tout en étant couvert dans les deux sens. C'est au maître d'équitation de choisir la formule qui lui plaît le mieux selon la couleur et le nombre de ses chevaux.

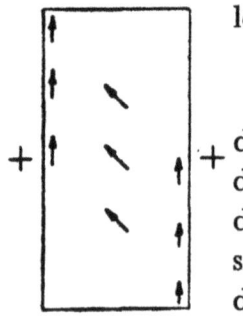

Fig. 32. « Par quatre dans la largeur, doublez ! » Le deuxième cavalier du groupe de quatre commandera « Marche ! » pour son groupe quand il se trouvera au milieu de la longue paroi. De cette façon les cavaliers seront répartis symétriquement pour traverser le manège.

Fig. 33. « Par trois dans la demi-longueur du manège, changez ! » Le premier cavalier d'un groupe de trois change depuis le milieu de la longue paroi, les deux cavaliers qui le suivent cherchant à s'aligner et à garder leur distance.

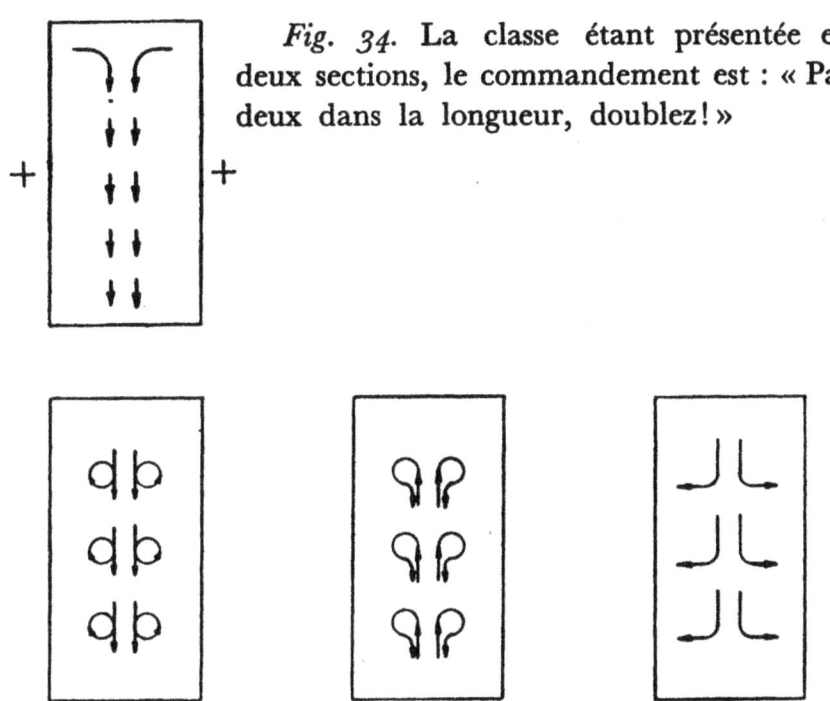

Fig. 34. La classe étant présentée en deux sections, le commandement est : « Par deux dans la longueur, doublez! »

Fig. 35. « Petite volte à gauche et à droite, marche! »
Fig. 36. « Demi-tour à gauche et à droite, changez! »
Fig. 37. « A gauche et à droite, marche! »

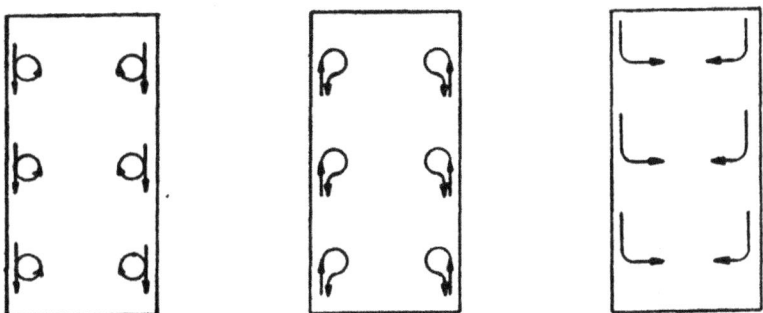

Les figures 38, 39 et 40 sont les mêmes que les précédentes, mais exécutées à la paroi.

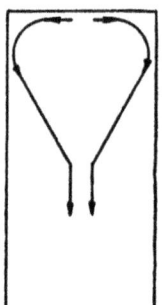

Fig. 41. « Dans les longueurs du manège, changez! » « Depuis le milieu par deux en avant, marche! »

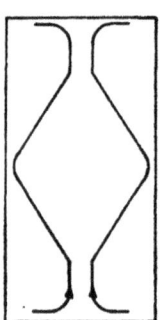

Fig. 42. « Depuis le milieu au milieu, marche! » Dans cette figure les cavaliers qui forment la paire doivent s'efforcer de monter botte à botte avant de se quitter et avant de rejoindre la courte paroi.

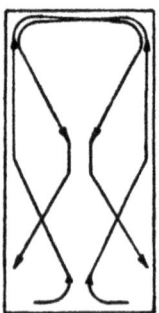

Fig. 43. « Depuis le milieu dans les demi-longueurs du manège, changez! » « De la paroi à la paroi! » Les deux cavaliers devront s'efforcer d'être botte à botte quand ils se rencontreront au milieu du manège.

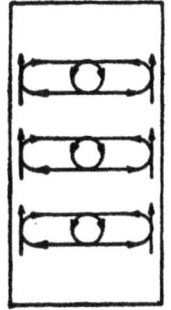 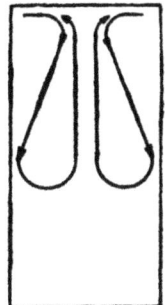

Fig. 44
« Tour de main ! »

Fig. 45
« Changez en cœur ! »

VII. MÉCANISME DES ALLURES

1. Généralités

Dans le mécanisme des allures on distingue deux grandes catégories :

a) Les allures marchées.

b) Les allures sautées.

Les premières sont dites marchées, car un ou plusieurs membres sont toujours à l'appui. Les deuxièmes, sautées, car les différentes bases polygonales sont entrecoupées de temps de suspension. Par rapport à la fatigue, à la dépense musculaire, il est clair que les allures marchées, moins vigoureuses, seront moins fatigantes que les allures sautées.

Pour éviter toute confusion, rappelons quelques définitions :

Les bipèdes sont deux pieds considérés deux à deux. L'antérieur est toujours le parrain du bipède. Donc, on entend par bipède latéral droit l'antérieur droit et le postérieur droit; par bipède diagonal gauche ou par abréviation, diagonal gauche, l'antérieur gauche et le postérieur droit.

2. L'ENCOLURE

La tête et l'encolure du cheval composent ce que les hommes de cheval ont convenu d'appeler le balancier. Ce qui est important, c'est la position relative de l'encolure par rapport aux autres parties du corps et l'équilibre qui en résulte ou, plus exactement, le mouvement de ce balancier.

La variation oscillatoire verticale et latérale de l'encolure, dans les différentes allures, est la suivante :

1. Au pas : verticalement 30°, horizontalement 5°.
2. Au trot : 0° dans les deux sens.
3. Au galop : verticalement de 5° - 15°, suivant la vitesse.

3. LA STATION LIBRE

Considérons tout d'abord un cheval immobile sur ses quatre pieds, en station libre, selon le terme consacré. Généralement, l'intervalle entre les membres postérieurs sera moins grand que celui entre les antérieurs.

C'est le colonel Duhousset qui a très clairement exposé cette vérité élémentaire dans un dessin (fig. 46). Ce croquis montre que la base de sustentation est inscrite dans un trapèze et non dans un rectangle. Vus de face, les postérieurs se profileront entre les antérieurs. C'est la raison pour laquelle, en dressage, un cheval en station libre est mal jugé, si les antérieurs se profilent entre les postérieurs.

La répartition du poids du cheval, monté de son cavalier, est à la station libre de deux tiers sur les antérieurs et de un tiers sur les postérieurs. Il saute aux yeux de chacun que les antérieurs (sabots, boulets, tendons) sont, de toutes les parties du cheval, celles auxquelles le cavalier vouera le plus d'attention.

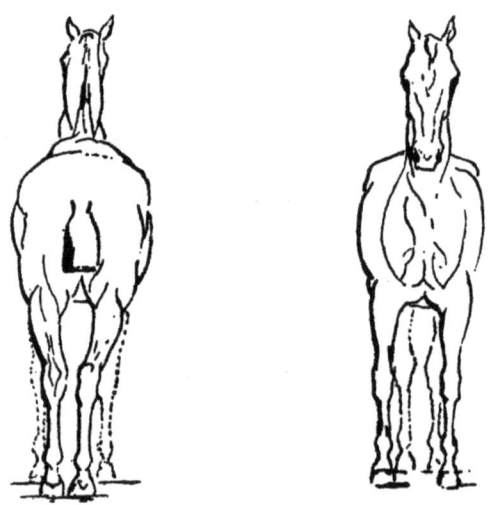

Fig. 46
Le cheval en station libre

4. Le pas

Le pas normal, c'est-à-dire celui où les postérieurs viennent se placer légèrement en avant des empreintes des antérieurs, est à quatre temps. Le poser successif des pieds fait distinctement entendre quatre battues franches et égales.

L'emploi de l'encolure à cette allure a sa plus grande valeur, soit un mouvement oscillatoire dans le plan vertical de 30° et dans le plan horizontal de 5°. Le pas proprement dit est le chemin parcouru par le même postérieur du point où il s'est posé jusqu'à l'endroit où il se repose. Un demi-pas est l'écart d'un postérieur à l'autre. Par simplification et par habitude, l'on comprend généralement sous le terme de pas, l'écart d'un postérieur à l'autre, soit un demi-pas, quoique ce soit une faute de langage.

Avant de passer plus loin, nous voulons analyser les différents mouvements du pas. Sur la Pl. V a nous voyons le cheval à l'appui sur trois membres, les deux postérieurs et l'antérieur gauche. Il est aisé de voir que le prochain membre qui quittera le sol sera le postérieur gauche.

Sur la Pl. V b nous voyons le postérieur gauche qui a quitté le sol pendant que l'antérieur droit s'est avancé. Le cheval est à l'appui sur le diagonal gauche.

Pl. V c. Le cheval pose l'antérieur droit et marque ainsi la première battue. Il se trouve à l'appui sur trois pieds, les deux antérieurs et le postérieur droit.

Pl. V d. L'antérieur gauche s'est levé, tandis que l'antérieur droit est encore en suspens. Le cheval se trouve sur la base latérale droite.

Pl. V e. Le postérieur gauche s'est posé et marque ainsi la deuxième battue, tandis que l'antérieur gauche gagne en élévation. Le cheval se trouve à nouveau sur trois pieds, soit les deux postérieurs et l'antérieur droit.

Pl. V f. Le postérieur droit se lève, l'antérieur gauche est encore en suspens, le cheval se trouve donc sur le diagonal droit.

Le pas

Pl. IV

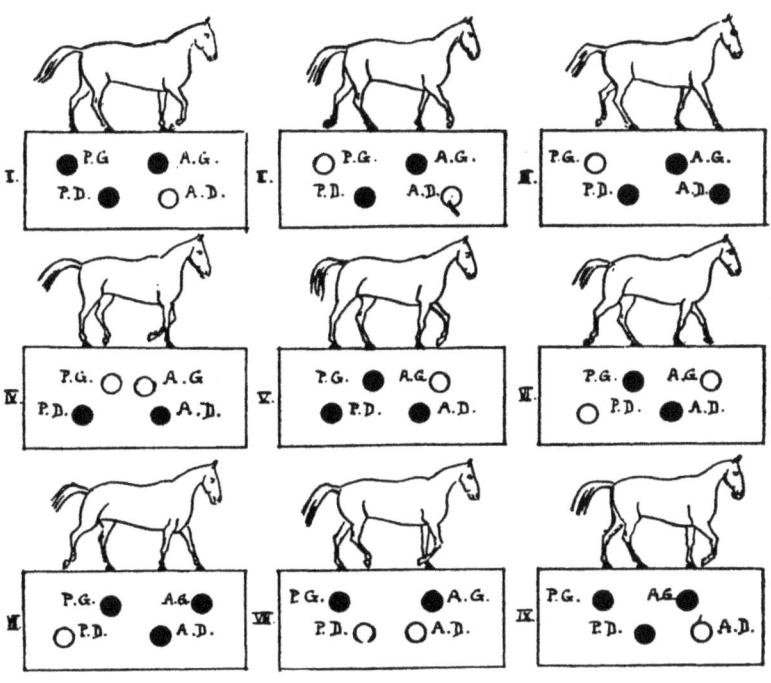

Le pas

Pl. V *g*. Le cheval marque la troisième battue par le poser de l'antérieur gauche. Il se trouve ainsi en équilibre sur trois pieds, les deux antérieurs et le postérieur gauche.

Pl. V *h*. L'antérieur droit quitte le sol, le postérieur droit s'engage et le cheval se trouve ainsi sur le latéral gauche.

Pl. V *i*. Le cheval marque la quatrième battue par le poser du postérieur droit et se trouve à nouveau en équilibre sur trois membres, les deux postérieurs et l'antérieur gauche.

Ce qui est intéressant, dans l'étude du mécanisme du pas, c'est de voir que sur huit mouvements différents que le cheval doit effectuer pour accomplir un pas, il se trouve sept fois, soit sur un diagonal, soit sur trois pieds (Pl. V. *a*, *b*, *c*, *e*, *f*, *g*, *i*) et deux fois sur un latéral (Pl. V *d* et *h*).

Durant ces deux mouvements latéraux, le cheval est forcé, afin de rester en équilibre, de rapprocher son encolure du latéral à l'appui, d'où ces mouvements oscillatoires latéraux de 5 degrés.

Le pas, la plus lente des trois allures, est aussi celle que le cheval supportera le plus longtemps. C'est celle que chaque cavalier adoptera au début d'un entraînement et également s'il a un long chemin à parcourir avec un animal insuffisamment préparé.

L'intervalle des contractions d'un même muscle s'effectue avec une telle lenteur que, pratiquement, l'on peut admettre que tout le système musculaire est au repos.

Le pas est la mère des allures, disent les entraîneurs, car c'est effectivement la meilleure préparation des organes actifs à des mouvements plus rapides et le développement le plus efficace du système musculaire, sans crainte de tare.

La longueur d'un pas correspond au six cinquièmes de la hauteur au garrot, ce qui est égal à environ 2 mètres. Mais ces 2 mètres ne pourront être atteints que si le cavalier monte avec des rênes abandonnées. Théoriquement, à la rêne longue, le cavalier ne devrait pas déranger le mouvement oscillatoire de 30 degrés de l'encolure, mais pratiquement il raccourcit la longueur du pas de 20 cm. A la rêne courte, il raccourcit le pas de 50 cm., soit du quart de sa longueur normale. Ajoutons que l'effort du système musculaire augmente en proportion du raccourcissement des rênes et que le dit système ne peut plus être au repos, comme nous l'avons vu plus haut.

Un petit exemple s'impose pour illustrer ce que nous venons de voir : Un cheval, devant couvrir 100 kilomètres au pas, fait donc 50.000 pas, si le cavalier monte à la rêne abandonnée. S'il monte à la rêne courte, il fait le quart en plus, c'est-à-dire 62.500 pas et, d'autre part, dépense ses forces à vaincre la résistance de la main.

Au pas le cheval fait de 56 à 60 pas à la minute, ce qui donne une vitesse de 120 m/min. soit 7 km/heure.

Il y a lieu d'ajouter qu'un cavalier n'obtiendra une vitesse de 7 km/heure au pas que s'il monte juste, et que son cheval est bon. Une section de cavaliers novices montant des chevaux qu'ils ne connaissent pas ne pourra se déplacer qu'à une allure de 100 m/min. soit 6 km/heure.

Un cavalier expérimenté ne forcera donc jamais l'allure au pas, il demandera de sa monture un pas long et cadencé, afin de ne pas imposer à celle-ci une fatigue qui ne serait pas en rapport avec le rendement. Si un cavalier recherche la vitesse kilométrique pure, les bases diagonales se perdront en faveur des latérales, et pour finir le cheval se trouvera à l'amble.

L'amble est une allure à deux temps, produite par le poser successif des bipèdes latéraux; le cheval se déplace donc sur une perte d'équilibre.

Un ambleur atteint une vitesse de 12 km/heure. Si l'amble est prohibé malgré son avantage de célérité, la raison en est simple. Le cheval avance à l'amble sur une perte d'équilibre latérale, tandis qu'au pas il se déplace en équilibre sur les bases diagonales; de ce fait le cavalier aura moins de chances de chutes au pas qu'à l'amble quand il montera en terrain varié.

A l'allure du pas, si le cavalier exerce une tension de rênes qui n'est pas en rapport avec l'action des jambes, un cheval un peu vigoureux perdra la franchise de ses allures et dépensera son énergie dans un trottinement aussi fatigant pour lui que pour le cavalier. Plus le cavalier tirera sur les rênes, plus le cheval trottinera et, après quelque temps, ce trottinement deviendra une allure, dirons-nous normale, dont il sera difficile de le corriger.

Quelles que soient les circonstances, le trot doit être préféré à un pas forcé et désuni.

Le cheval prend le pas sur une perte d'équilibre et non sur une propulsion des postérieurs. Deux tiers de son poids chargeant l'avant-main, l'oscillation verticale de son encolure étant de 30 degrés, et sa tête pesant 60 kilos, le cheval allonge et baisse son encolure, perd son centre de gravité en avant et se trouve entraîné à sa suite, sans effort musculaire.

Un cavalier averti se mettra donc au pas par une pression des jambes, la rêne abandonnée.

Il ne faut pourtant pas en déduire, qu'au pas, le cheval doit toujours être conduit à la rêne abandonnée. Dans trois cas, le cavalier doit reprendre les rênes dont il compensera l'effet par une pression des jambes :

a) Sur une route glissante.

b) En s'approchant d'un objet pouvant effrayer le cheval.

Dans ces deux cas, il faut le rassembler, le mettre entre mains et jambes, afin d'obtenir des bases courtes en étendue et en durée. En lui donnant de cette manière le maximum de stabilité, il lui sera possible de reprendre au besoin son équilibre menacé. Il en est de même d'une personne qui marche d'ordinaire à grandes enjambées, mais qui fait de petits pas dès que la route devient glacée et glissante.

c) Au terme d'une grande randonnée.

Le cheval fatigué surcharge son avant-main, ce qui l'expose à des chutes. Le cavalier devra reprendre ses rênes, donner de la jambe, afin de déplacer le maximum de poids possible sur l'arrière-main; ou bien mettre pied à terre et conduire le cheval par la bride.

Le pas, qui est l'allure que le cheval supporte le plus longtemps, présente pourtant de graves inconvénients. En effet, du fait de sa construction et de son équilibre, le cheval ne travaille pas seulement à se mouvoir en avant, la vitesse n'est pas uniforme, mais la progression s'effectue par à-coups. Comme chacun le sait, le cavalier et son paquetage agissent à rebrousse-poil, en un mouvement continu, en avant et en arrière, d'où pour son dos des conséquences fâcheuses. De plus, le poids du cavalier, toujours à l'appui, gêne la circulation du sang dans la région comprimée, d'où blessures et pressions. Au trot, par contre, la vitesse est uniforme, le soulèvement de la selle fait ventouse à chaque battue et active la circulation du sang dans la région dorsale.

Le trot

— 61 —

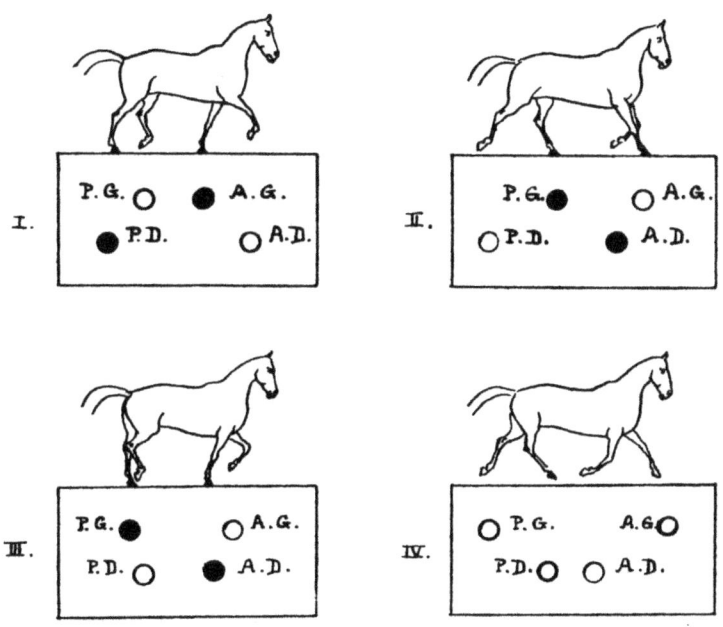

Le trot

Pl. VII

5. Le trot

De tout temps, le trot fut défini par tous les auteurs comme une allure à deux temps, dans laquelle le cheval jette son poids alternativement d'un diagonal sur l'autre, en deux battues régulières et également espacées.

Par le poser diagonal des membres, tout le système musculaire est contracté; l'encolure figée ne subit aucune oscillation (0°); le centre de gravité décrit une trajectoire rectiligne passant par le point d'intersection des deux diagonales; pour ces deux raisons, le cheval avance à une vitesse uniforme, sans travail inutile.

Du mécanisme des trois allures, celui du trot s'avère le plus simple.

Pl. VII *a*. Nous voyons le cheval sur le diagonal gauche. Il est en train d'achever le pivotement sur ce diagonal et par un effort musculaire de projeter sa masse en avant.

Pl. VII *b*. Le cheval vient de se recevoir sur le diagonal droit.

Pl. VII *c*. A la dernière phase du pivotement sur le diagonal droit, le cheval va se trouver au temps de suspension que nous voyons sur la Pl. VII *d*.

Notons que chaque poser diagonal est suivi d'un temps de suspension, si l'allure du trot dépasse le trot moyen.

Au trot, le cheval porte son encolure haute et fixe.

Encolure fixe : Le cheval ne peut donc pas l'employer comme balancier, car son système musculaire est contracté et il se déplace sans changement d'équilibre, uniquement par un effort musculaire.

Encolure haute : Cette position permettra l'amplitude du geste de ses membres.

Par la contraction des muscles ilio-spinaux, nous avons vu qu'aucun travail inutile ne se produit dans la locomotion, d'où il résulte que le trot est, des trois allures, la mieux adaptée aux longues étapes.

Il ne faut pourtant pas oublier que le mouvement des membres se répète beaucoup plus rapidement qu'au pas ou au galop, d'où il peut facilement résulter un effort ou une fatigue, surtout si la cadence augmente exagérément.

La cadence au trot est de 200 m/min.

Un cavalier montant un cheval dont l'amplitude du geste dépasse la normale, pourra trotter à une allure légèrement supérieure.

Il faut cependant dépasser un peu la cadence normale, lorsque le cheval est fatigué. Dès lors, la meilleure conduite à suivre est de mettre pied à terre, ou si l'on veut trotter d'augmenter légèrement la cadence.

Au pas, ce n'est pas le maximum de vitesse qui est à rechercher, mais un pas long et cadencé. Il ne saurait en être différemment au trot, car le maximum de vitesse, que même les trotteurs ne peuvent soutenir longtemps, épuiserait vite le cheval.

De toute façon, gardons comme principe : « Ce n'est pas le chemin parcouru, mais la vitesse qui use le cheval. »

Les règles de conduite au trot se déduisent aisément de l'équilibre du cheval. Nous avons vu que le mouvement oscillatoire de l'encolure est de 0 degré. Il en résulte que le cavalier doit rechercher le contact avec la bouche du cheval, de façon que la tête et l'encolure n'alourdissent pas exagérément l'avant-main.

Le cavalier attentif doit s'efforcer d'obtenir un trot moyen, bien équilibré, bien cadencé, réduisant la fatigue du cheval au minimum, ainsi que les risques de chute de ce dernier.

Ces considérations nous amènent à une allure toute différente de ce trot abandonné, à la rêne flottante, que certains cavaliers adoptent sous prétexte que le cheval ne s'appuie pas sur son mors. Le cheval non encadré, exagérément surchargé de l'avant-main, prend un trot désuni, dit traquenardé ou décousu. Le trot n'est alors plus diagonal, mais à quatre temps. De cette manière, le cheval s'use prématurément et est enclin aux chutes (couronnement).

Si les anciens écuyers ont fait du trot la base du dressage, c'est que la régularisation de l'allure est assez difficile à obtenir, si le rapport jambes et mains ne correspond pas exactement.

Remarquons qu'au trot enlevé, dit à l'anglaise, le cavalier retombe dans sa selle toujours sur le même diagonal, d'où une fatigue excessive de celui-ci. Le cavalier doit donc changer de trot, c'est-à-dire de diagonal, afin de répartir l'effort et la fatigue bilatéralement.

Exemple : Un homme porte une valise sur une épaule. Quand il ressent une fatigue provoquée par la charge unilatérale, il change sa valise d'épaule (homme = cheval, valise = cavalier).

Au manège, le cavalier doit également changer de trot. Là, les avis sont partagés en deux écoles. La première est de trotter sur l'antérieur intérieur, car les quatre coins du manège étant assez rapprochés les uns des autres, le poids du cheval charge plus le latéral intérieur. Afin de suivre le mouvement au maximum, le cavalier doit retomber en selle sur l'antérieur intérieur, comme un cycliste qui se penche à l'intérieur du virage.

La deuxième est de trotter sur l'antérieur extérieur, car le latéral intérieur étant surchargé, le cavalier retombe en selle sur l'antérieur extérieur et obtient de cette façon une répartition plus rationnelle du poids du cheval sur ses aplombs.

Malgré leurs points de vue différents, les deux écoles ont raison.

Ce qui est certain, par contre, c'est qu'elles sont d'accord sur le point principal : le changement de pied.

Si le cavalier ne trotte que sur le même antérieur (droit), inconsciemment il donne plus de poids dans l'étrier opposé à l'antérieur du trot (étrier gauche). Sa fatigue sera donc, comme pour le cheval, unilatérale. En changeant de pied au trot, il en résultera pour lui un soulagement sensible.

Ajoutons à ce repos alternatif le développement de l'équilibre du cavalier. En effet, quand le cavalier sera à même de savoir, les yeux fermés, sur quel pied il s'enlève au trot, il sera en équilibre dans sa selle, sachant, sans contrôle, s'il surcharge l'épaule gauche ou l'épaule droite du cheval.

« Le changement de pied au trot ne s'effectue ni tous les cinq kilomètres, ni toutes les dix minutes, mais après chaque changement d'allure et ceci pour faciliter le contrôle au cavalier. »

Toutefois, si le cheval a une tare ou un défaut marquant, le changement de pied ne s'effectuera pas régulièrement au changement d'allure. Dans ce cas, le cavalier trottera au maximum deux tiers du chemin à parcourir sur le diagonal sain et un tiers au minimum sur le faible.

Pour enseigner rapidement le trot enlevé, la première leçon débute avec la classe en station libre au milieu du manège. Le maître d'équitation commande alternativement 1-2-1-2-1-2. A 1, les élèves se lèvent de la selle et à 2 ils retombent dans celle-ci. Au début, la cadence du commandement est lente et deviendra peu à peu toujours plus rapide.

Pour enseigner le changement de pied au trot, le maître d'équitation débute comme ci-dessus, mais compte 1-2, 1-2-3, 1-2. Au commandement de 1, les élèves sortent de la selle, au commandement de 2, ils retombent dans celle-ci et au commandement de 3, ils marquent le deuxième temps de trot assis qui donne le changement de pied. Pour changer de pied, on marque donc deux temps de trot assis dans une reprise de trot enlevé.

Quand on enseigne le trot enlevé, il faut au début demander à l'élève d'avoir le corps penché en avant, pour l'aider à quitter la selle. Il doit en sortir par un mouvement vertical. Dès qu'il sait trotter en quittant régulièrement la selle 1 temps sur 2, il doit se redresser et apprendre à rester au fond de celle-ci. Le mouvement du haut du corps n'est alors plus vertical, mais devient horizontal. Pour corriger un cavalier qui sort trop de la selle, il faut le faire trotter enlevé sans étriers, en faisant toutefois attention que cet exercice est très fatigant. Il est faux de croire que pour suivre le mouvement, le cavalier doit être couché sur l'encolure de son cheval. Le trot enlevé sera bien pris, quand le cavalier restera au fond de la selle, un tantinet en avant de la verticale, c'est-à-dire le corps droit, de manière à pouvoir employer ses jambes.

6. Le galop

Des trois allures, le galop est celle qui demande le plus d'effort musculaire, de perfection des organes et des angles du squelette. Même un cheval possédant toutes les qualités requises pour galoper, ne pourra supporter longtemps cette allure que si son entraînement est parfait et que le terrain s'y prête.

Un galop d'une certaine durée ne peut donc être demandé indifféremment de chaque cheval. Le cheval peut galoper de deux façons différentes, à trois ou à quatre temps. Analysons d'abord le mécanisme du galop ordinaire, soit du galop à trois temps, dont les trois battues sont les plus caractéristiques à l'ouïe et à la vue.

Pl. IX a. Le cheval à l'appui sur le postérieur gauche marque le premier temps du galop à droite que nous avons choisi pour la démonstration.

Pl. IX b. Le deuxième temps est marqué par le poser du diagonal gauche sur lequel le cheval bascule pour se recevoir sur l'antérieur droit qui marque le troisième temps, Pl. IX c.

Pl. IX d. Nous voyons le cheval au temps de suspension.

Dans le galop à gauche, les pieds du cheval se déplacent dans le même ordre, mais dans le sens contraire. Postérieur droit, diagonal droit, antérieur gauche.

En général, il est admis que l'épaule de l'antérieur qui donne son nom au galop se trouve toujours en avant. Cette idée est erronée, car sur dix moments d'une foulée de galop, l'antérieur intérieur se trouve sept fois en avant et trois fois en arrière.

Le galop rapide est à quatre temps. Le diagonal qui marque le deuxième temps se sépare et fait entendre deux battues, d'où pour le galop à droite : postérieur gauche, postérieur droit, antérieur gauche, antérieur droit. Les pre-

Le galop

Pl. VIII

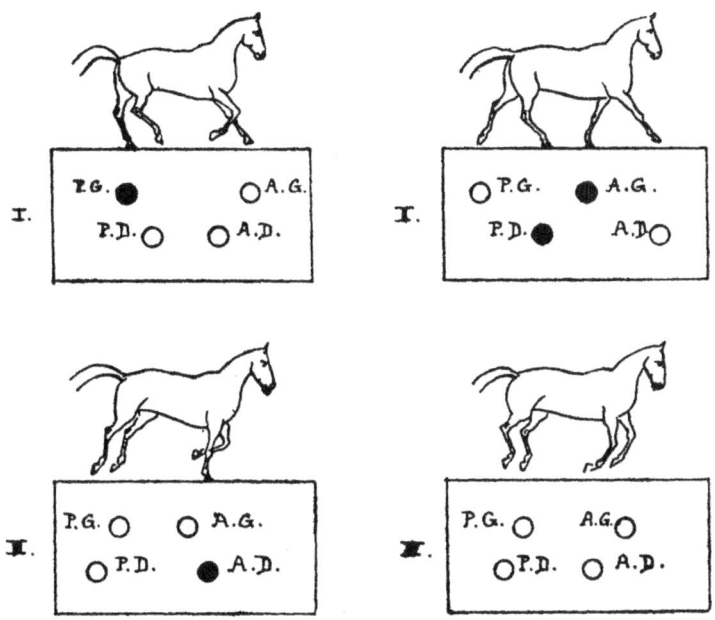

Le galop

mier et deuxième temps sont assez rapprochés l'un de l'autre, suivis d'un très court moment de suspension. Les troisième et quatrième temps, également rapprochés l'un de l'autre, sont suivis d'un assez long temps de suspension.

Un cheval dont l'assouplissement est insuffisant aura un galop piqué; c'est-à-dire que la masse chassée par le postérieur marquera un petit arrêt après s'être reçue sur l'antérieur.

Au début de ce paragraphe, nous avons vu que le galop est l'allure la plus fatigante et ceci pour trois raisons :

a) Comme au pas, le cheval ne dépense pas ses forces uniquement pour le mouvement en avant. La vitesse n'est donc pas uniforme, ce que le cavalier remarque facilement lorsque au premier temps il quitte la selle pour ne s'y retrouver qu'au troisième, après avoir glissé en avant pendant le deuxième.

b) Le galop est une allure rapide. La violence des réactions est en rapport avec la vitesse, ce que l'on remarque au fléchissement assez marqué du paturon. Etant donné cette rapidité, le renouvellement des forces risque de ne pas être proportionné à la dépense, d'où surmenage.

c) Enorme effort des tendons, car par le mécanisme à quatre temps, le cheval se déplace par bonds et les antérieurs reçoivent tout le poids augmenté par la vitesse (d'où claquage).

Départ au galop :

Il y a trois manières de prendre le galop :

a) Mise au galop sur une perte d'équilibre.

Reprenons le galop à droite comme exemple. Depuis le pas, le cheval se mettra au galop après le poser du diagonal gauche. Depuis le trot, il prendra à nouveau le galop, du diagonal gauche, en débutant par le troisième temps, soit l'antérieur droit.

Les aides que le cavalier employera sont les aides extérieures, de façon à faire perdre au cheval son équilibre en le jetant sur l'épaule droite. Dans cette mise au galop, le cavalier n'a besoin d'aucune connaissance de dressage, puisque les aides sont mécaniques; le cheval de son côté n'a pas besoin non plus de dressage, car il ne se met au galop que pour éviter de tomber en avant.

Pour illustrer ce que nous venons de dire, prenons un exemple : Deux enfants se disputent, l'un pousse l'autre de derrière. Celui qui est poussé (le cheval) tombera s'il reste sur place. Pour éviter la chute, il devra courir quelques mètres, jusqu'à ce qu'il puisse maîtriser la force reçue, soit retrouver son centre de gravité. Celui qui pousse (le cavalier) cherche à faire tomber le premier ou à l'éloigner de lui.

Cette méthode est employée avec de jeunes cavaliers ou de jeunes chevaux, car aucun n'ayant la connaissance des aides, le seul but que l'on se propose, c'est d'obtenir l'allure du galop.

b) Mise au galop en équilibre.

Le cheval prendra le galop à nouveau par le diagonal gauche, mais cette fois-ci en débutant par le premier temps, soit le postérieur gauche.

Les aides du cavalier seront pendant la préparation les aides intérieures, le corps reste droit, plutôt un peu penché à l'extérieur et le départ sera donné par la jambe extérieure en

Carrière

gardant l'appui des aides intérieures. Le cheval restera donc absolument droit avant, pendant, et après le départ au galop. Le poids du cavalier et du cheval chargeant le postérieur extérieur, l'ampleur du geste de l'antérieur sera portée à son maximum.

c) Mise au galop par un compromis des méthodes *a* et *b*.

La première méthode n'est employée que pendant les premières leçons. Ensuite, il faudra demander du cavalier la mise au galop d'après ce compromis que nous allons expliquer.

Préparation au galop : Reprendre les rênes et mettre la jambe intérieure au cheval. Départ au galop : rendre légèrement la rêne intérieure et donner le départ avec la jambe extérieure. Ces deux mouvements différents se suivent à un très bref intervalle.

Pendant la préparation, le cheval sera donc en équilibre et droit; il prendra le galop sur une perte d'équilibre pourtant moins prononcée que dans la première méthode.

Pour finir, notons que si le cavalier veut avoir de l'influence sur son cheval au galop, il devra avoir l'épaule intérieure un tantinet retenue, la hanche intérieure, par contre, un peu en avant.

VIII. POSITION DU CAVALIER A CHEVAL

1. L'assiette

L'assiette repose naturellement et commodément dans la partie la plus profonde de la selle, soit vers le premier tiers en direction du pommeau, sur un triangle formé par l'enfourchure et les ischions. Ce triangle supporte en ses trois angles le poids du cavalier réparti d'une manière égale.

Si le cavalier, le buste en avant de la verticale, donne plus de poids sur l'enfourchure en allégeant par là les ischions, nous avons une assiette dite « sur l'enfourchure » (Spaltsitz).

Au contraire, si les ischions sont plus chargés que l'enfourchure, nous avons une assiette dite « sur les ischions » (Stuhlsitz). (Voir Pl. XI - XII - XIII.)

De ces deux assiettes défectueuses, le « Spaltsitz » est la moins mauvaise, car, si le cavalier dans cette position n'a aucune action propulsive, il suit, au contraire, parfaitement les mouvements du cheval, et de ce fait, ne l'abîme pas.

Par contre, dans le « Stuhlsitz », le cavalier reste en arrière du mouvement et écrase le rein de son cheval. Il peut avoir éventuellement et momentanément un effet impulsif quoique le cheval, pas en jambes, hors de la main, les angles écrasés, n'aura bientôt plus du cheval que le nom.

Plus les ischions sont écartés l'un de l'autre et moins développés les muscles « custodes virginitatis », plus enveloppantes seront les jambes, plus large et plus fixe sera l'assiette.

2. La position du corps

Le buste est droit ; la poitrine sortie donne une ligne élégante aux reins ; les épaules tombent naturellement et sans contraction ; la tête est portée droite et altière sur la colonne vertébrale. Si le poids de la tête, égalant le cinquième de celui du corps, soit 12 à 15 kilos, est porté en avant, il vousse le rein en arrière ; porté en arrière, il bloque la colonne vertébrale en avant et lui enlève toute souplesse, tout jeu possible. (Voir Pl. XIV.)

3. Les mains

Les coudes sont en contact léger avec les hanches. Les mains se trouvent entre le pommeau de la selle et la courroie supérieure du poitrail de 0 à 5 cm. au-dessus du garrot et éloignées de 0 à 3 cm. l'une de l'autre. Les poignets sont arrondis et les mains tenues de façon qu'une cravache portée contre en haut sorte perpendiculairement. (Voir Pl. XV.)

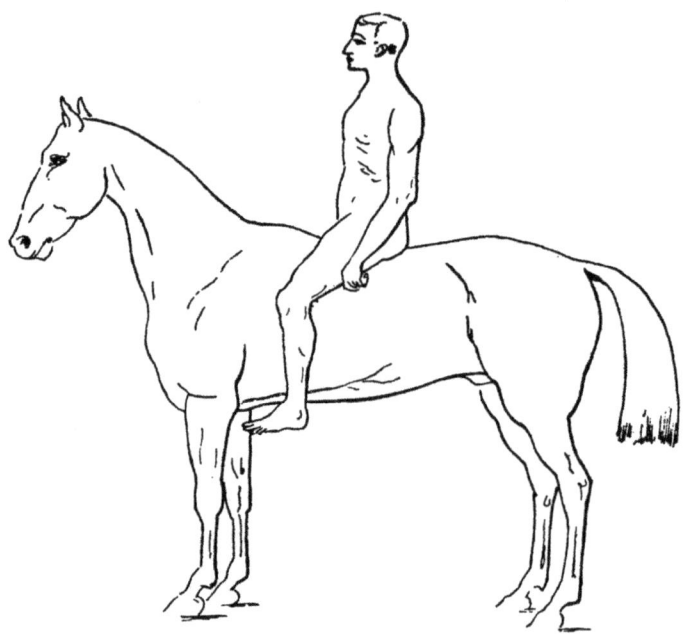

Assiette normale

Pl. XI

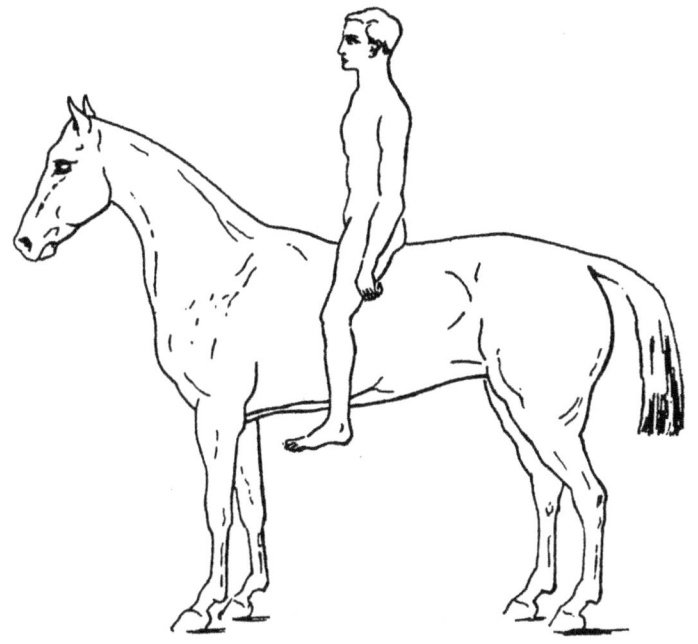

Assiette sur l'enfourchure « Spaltsitz »

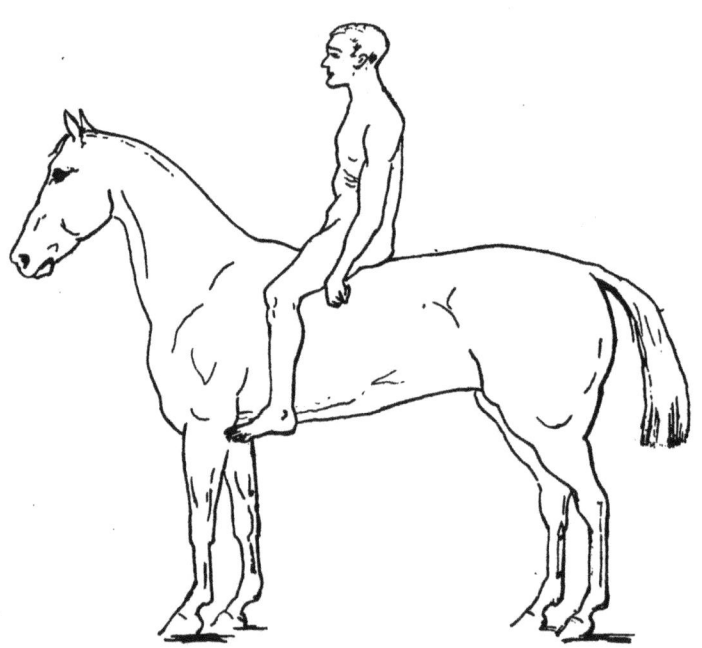

Assiette sur les os du bassin « Stuhlsitz »

a. Ancienne position
b. Nouvelle position

Pl. **XIV**

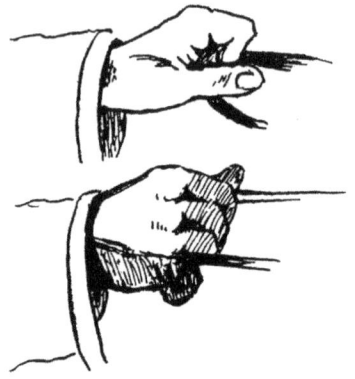

Mauvaise position des mains

Mains trop serrées

Bonne position des mains

4. Les jambes

Les cuisses et les jambes adhèrent le plus possible sur toute leur étendue au corps du cheval et sont placées de telle sorte que genoux et pointes de pieds tombent perpendiculairement au sol, l'angle du genou étant de 120°. Le genou n'est pas collé à la selle, car par cette action, la jambe perd l'appui qu'elle avait au flanc, d'où aide propulsive impossible.

Les pointes de pieds portées naturellement (talons bas) forment avec le corps du cheval un angle de 30°. Les plantes de pieds reposent dans les étriers en un appui égal sur toute sa largeur (pied de dressage).

Expliquons encore plus exactement la relation « assiette et aides des jambes » qui est en rapport avec la longueur des étriers. Les jambes du cavalier prises au squelette forment le sommet d'un angle tronqué et, recouvertes de muscles, elles réduisent la surface supérieure de cette figure presque à un angle, surtout si les muscles « custodes virginitatis » sont très développés. Ce développement musculaire résulte de tous les exercices où les jambes sont employées propulsivement. La forme du tronc du cheval est une forme elliptique, or mathématiquement dans une position tangente, les côtés d'un angle ne peuvent toucher par tous les points de leur côté à une ellipse, mais se rencontreront par contre en un point situé au-dessus de l'ellipse. Donc si la position des jambes est verticale (étriers trop longs), l'assiette ne pourra pas s'enfoncer dans la selle. Cette forme ellipsoïde du tronc du cheval ne pourra être enveloppée par les jambes du cavalier que si l'angle de celles-ci se trouve dans une position formant un angle de 120° au genou. Dans cette position semi-médiane entre l'horizontale et la perpendiculaire, les jambes trouveront dans leur prolongement les deux ischions et le triangle enfourchure et ischions sera ainsi au fond de la selle. Le cavalier routinier, par l'atrophie des muscles « custodes virginitatis », peut porter le genou un peu plus bas, puisque son enfourchure ne forme plus un angle aigu, mais tronqué.

N'oublions pas qu'une position des jambes trop perpendiculaire au sol diminue soit leur effet, soit la stabilité de l'assiette.

5. Assiette de dressage et assiette de saut

On distingue deux assiettes différentes : l'une de dressage, l'autre de saut.

A. *Assiette de dressage.*

L'assiette de dressage est celle que nous venons de voir au début de ce chapitre. Sa formation et sa fixité s'obtiennent par un travail de longue durée (une année). N'oublions jamais que si le cavalier a acquis une assiette idéale, il ne la gardera que par un travail journalier, régulier; s'il ne monte à cheval que par hasard, il ne pourra plus être question d'une bonne assiette.

Dans les exercices d'assiette, il est à recommander au maître d'équitation de demander à l'élève cavalier de porter le bas de la jambe en arrière au point de ne plus pouvoir

Dressage — Position actuelle

Dressage — Ancienne position

Pl. XVII

peser sur l'étrier, et d'obtenir ainsi tout son poids sur le triangle enfourchure et ischions. Pour redresser un dos relâché, la meilleure correction est de demander à l'élève de sortir la poitrine.

B. *Assiette de saut.*

L'assiette de saut est basée sur le maximum d'adhérence des jambes. Pour obtenir cette adhérence totale, il est de toute importance :

1) de ne pas serrer les genoux, afin de permettre aux mollets le maximum de contact;

2) de ne pas avoir la plante du pied parallèle au sol, mais de donner tout le poids dans l'étrier, sur le gros orteil en portant le talon bas (pied de saut).

Pour faire comprendre à l'élève cavalier la différence entre les assiettes de saut et de dressage, il est à conseiller de graduer les exigences en divers exercices. Le premier sera demandé en station libre. Les cavaliers arrêtés sur la ligne du milieu, placés par le maître d'équitation dans la position voulue, s'efforceront de pousser leur talon en bas, de reprendre l'appui sur l'intérieur de l'étrier (pied de saut) et de donner ainsi le maximum d'adhérence à la jambe. Quand ce premier point est acquis, les élèves se pencheront en avant, de côté et légèrement en arrière, en cherchant à garder tout le bas de la jambe immobile. (PL. XVIII.)

Le deuxième exercice consistera (dans les reprises de trot) à confirmer cette position. Le degré d'adhérence est contrôlé par le maître d'équitation qui cherchera à faire décoller du cheval la jambe de l'élève en la tirant à lui. Le troisième, toujours sur le même thème, augmentera la fixité de l'assiette en passant des perches à terre.

Après plusieurs leçons de ce genre, le maître d'équitation pourra augmenter légèrement la hauteur de l'obstacle.

Les mains seront devant la jonction des courroies du poitrail rendant en direction de la bouche du cheval. Dans les débuts, il est à recommander à l'élève de serrer entre ses mains l'encolure pour obtenir une certaine fixité. N'oublions cependant pas que les mains doivent être libres de tout appui, car si elles en prennent un sur l'encolure, le centre de gravité du cavalier sera entre main et assiette et de ce fait la conduite sera plus difficile et la jambe inexistante. Les cavaliers continuent à se pencher en avant et à se redresser au cours d'une reprise de trot enlevé entrecoupé de courts instants de trot assis. Les rênes seront soit séparées, soit dans une main, l'autre flattant le cheval.

Dans les périodes d'instruction courtes, nous insistons sur l'importance qu'il y a de ne former l'assiette d'un débutant que lorsque le cavalier se trouve à peu près en équilibre sur son cheval. Il est donc à conseiller de pratiquer le trot enlevé avec changement de pied, pour que le cavalier trouve son équilibre, évite les blessures d'assiette, augmente sa confiance et prenne plaisir à l'équitation. Ses craintes ayant disparu, il sera assis sur son cheval avec aisance.

Par cette reprise préliminaire de trot à l'anglaise, nous arrivons à une tout autre méthode que celle, unique, du trot assis sans étrier, les chevaux l'un derrière l'autre le long de la paroi ne pouvant même plus sortir du sillon ainsi formé, sur la piste extérieure. Le cavalier ne pouvant, sans les étriers, reprendre latéralement son équilibre menacé, se blesse à l'assiette, perd goût et plaisir.

— 87 —

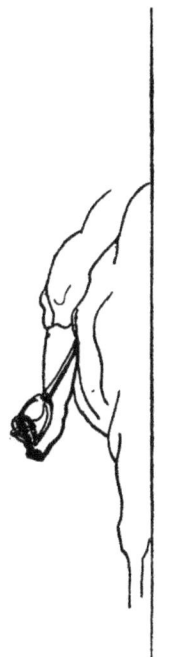 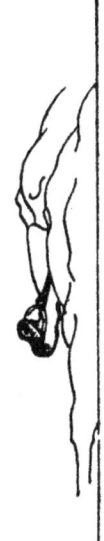 

| Effort d'abaissement du talon et appui sur le gros orteil | Adhérence maximum | Genoux serrés avec bas des jambes sans contact |

Pl. XVIII

IX. LES AIDES

1. Généralités

En langage équestre, aides signifie les différents moyens par lesquels le cavalier agit sur son cheval. On distingue :

a) Les aides principales : les jambes et la main qui ont comme base l'assiette.

b) Les aides complémentaires ou accessoires : le poids du cavalier, l'éperon, la cravache, la voix, le regard, la récompense et le châtiment qui sont basés sur l'intelligence et la volonté du cavalier.

2. Les jambes

Les jambes sont l'aide par excellence. Depuis le jeune cavalier qui doit, dès le début, apprendre à employer ses jambes (sans éperon), jusqu'au routinier, les jambes restent l'aide principale. Il s'en faut de beaucoup que dans la pratique il en soit ainsi, car les chevaux sont montés généralement avec la rêne, pour ainsi dire sans jambes. Cette faute est facile à expliquer. Chaque cavalier obtient immédiatement un effet de rêne; par contre, pour qu'un effet de jambes ait son influence, il faut une bonne assiette.

Si les jambes agissent simultanément et avec une intensité égale, elles auront un effet d'impulsion; si elles agissent séparément, un effet de direction, de décontraction ou de déplacement latéral des pieds du cheval, en le forçant à faire chevaucher ses membres par-dessus et en avant l'un de l'autre. Enfin, elles auront un effet direct sur les postérieurs dans le rassembler.

3. La main

La main sert en premier lieu à conduire le cheval, en second lieu à régler l'impulsion et en troisième à tendre l'arc des muscles abdominaux et ilio-spinaux en recherchant le rassembler. En principe, les effets de rênes ne doivent jamais venir du bras, mais des doigts. On distingue cinq effets :

Rêne d'ouverture. (Pl. XIX A.)
Rêne directe. (Pl. XIX B.)
Rêne contraire ou d'appui. (Pl. XIX C.)
Rêne d'opposition.
Rêne contraire d'opposition.

Quant aux deux derniers effets, les rênes d'opposition, nous ne voulons pas en parler ici, ceci dépassant le but proposé.

4. Assiette

L'assiette est à la base de la distribution exacte des aides. Le vieil adage « Une bonne assiette doit être souple et raide »

— 90 —

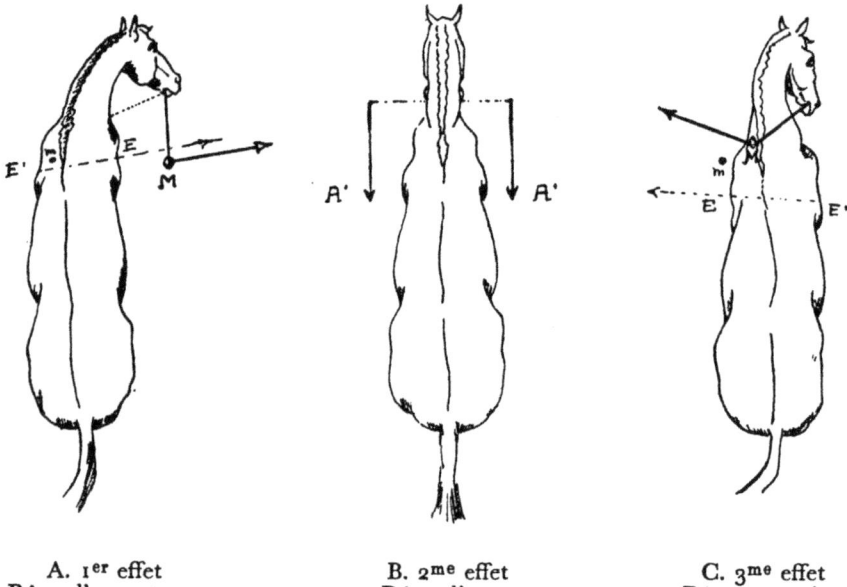

A. 1er effet
Rêne d'ouverture

B. 2me effet
Rêne directe

C. 3me effet
Rêne contraire

⟶ Action de la rêne
┈┈▸ Effet produit
◇ Main active
•m Main passive
E'.... E Transversale des
 épaules

Pl. XIX

décrit parfaitement son importance. Souple, pour suivre le mouvement du cheval, et raide, résultat de la crispation des muscles provenant de l'activité des aides du cavalier. Cette crispation des muscles est une raideur des cuisses qui provoque une surélévation de l'assiette. L'assiette sort de ce fait de la selle par l'activité et la raideur des jambes, alors qu'elle redescend par leur passivité et leur souplesse. L'assiette a donc une double importance. La première, passive, sera une adaptation complète du cavalier aux différents mouvements du cheval. La deuxième, active, ayant la première à sa base, permettra au cavalier un emploi juste des jambes ainsi que de compléter les effets de la jambe et de la main.

5. Le poids du cavalier

Le poids du cavalier peut être actif ou passif. Actif quand il veut produire par son déplacement latéral ou longitudinal un effet sur le centre de gravité du cheval. L'importance du poids actif est en relation avec le degré de perfectionnement du cavalier. Il est passif quand son centre de gravité se déplace parallèlement à celui du cheval. En général, seul le cavalier ayant une certaine expérience pourra employer son poids activement. Le cavalier médiocre n'étant pas entièrement maître de son équilibre devra se contenter tout d'abord de ne pas déranger par son poids le cheval dans son mouvement. L'importance des effets du poids atteint son plus haut degré dans le saut et dans le terrain. Son rôle doit être également respecté dans la monte aux trois allures, et ne jamais être en retard sur le mouvement.

6. Les éperons

L'éperon est un complément de la jambe et doit être accepté comme tel. Son emploi est, par sa puissance, assez délicat et devrait être laissé de côté par les débutants. Un cavalier peu rompu à l'art équestre produit souvent par des éperons munis de molettes l'effet contraire à celui désiré. Ainsi au lieu d'obtenir un mouvement en avant, il provoque, en chatouillant désagréablement sa monture, soit un recul, soit une ruade. Une jument sensible devient, par un mauvais emploi de l'éperon, facilement récalcitrante.

7. La cravache

La cravache est une aide propulsive importante. Sa place est sur le côté extérieur pour aider le cavalier à encadrer son cheval, empêcher la fuite de l'arrière-main et avoir ainsi un effet plus puissant sur le postérieur extérieur.

8. La voix

Il est incontestable que la voix est très bien comprise par le cheval. Chaque cavalier qui a parlé sévèrement à son cheval après une faute, a parfaitement ressenti une contraction peu-

Visite le soir

Pl. XX

reuse des muscles; mais aussi, une détente, si de la voix il voulait le récompenser. De toute façon, pour un cavalier inexpérimenté, un appel de langue est souvent l'aide propulsive la plus efficace.

9. Le regard

L'importance du regard est plus grande que l'on ne croit. Regarder son nombril fut de tout temps une faute acceptée de tout le monde. Dans combien de cas, avocats, docteurs, sportifs, professeurs, ne doivent-ils leur succès qu'au regard ? En équitation, principalement au saut, le fait d'avoir le regard dirigé en avant facilite de 50 % la conduite. Dans le terrain, sur la route, le cavalier dont le regard est dirigé franchement en avant s'évitera bien des désagréments.

10. La récompense et le chatiment

Plus le cavalier est routinier, plus forte pourra être la punition infligée à un cheval après une faute. Il faudra pourtant rester toujours dans la mesure permise, car un cheval deviendra facilement rétif si la correction n'est pas appliquée avec tact.

Quant à la récompense il faudra en user largement. C'est par elle que le cheval comprendra qu'il a bien agi. Flatteries de la main, morceaux de sucre, mise pied à terre, visite après le travail, voix douce et caressante sont autant d'éléments qui augmenteront rapidement la compréhension mutuelle.

« Cavalier et cheval devront toujours se quitter bons amis. »

Le cavalier du premier plan essaie d'effectuer une conversion à gauche en déplaçant les deux mains de ce côté. Son assiette n'étant pas encore fixe, l'effet de la rêne droite, rêne d'appui, est comprise par le cheval comme rêne d'ouverture. Par cette faute, le cavalier obtient l'effet contraire à celui désiré.

Pl. **XXI**

X. PRINCIPES ÉQUESTRES

1. La conversion

La base de toute conversion exécutée en mouvement est une volte de 5 mètres de diamètre. Nous entendons par conversion, la plus simple de toutes, c'est-à-dire des doublés. Le cavalier conduira donc son cheval sur un quart de cercle d'un rayon de 2,5 mètres.

Nous allons classer d'une manière progressive l'emploi des jambes et de la main dans une conversion en quatre catégories suivant le stade de perfectionnement du cavalier et du cheval. Dans les deux premières le cheval effectue sa conversion sur une perte d'équilibre et dans les deux dernières, en équilibre.

a) Par rêne d'ouverture, le cavalier obtiendra la conversion en ouvrant de la main et en poussant son cheval en avant par l'emploi simultané des jambes, effet augmenté éventuellement par un appel de langue, si celui des jambes ne suffit pas. (Pl. XIX A.) C'est la manière mécanique d'effectuer une conversion; c'est celle qu'emploiera l'élève débutant au cours des premières leçons.

Un cheval qui se défend n'obéit pas aux aides. Ce sera donc par cette méthode mécanique qu'il faudra le conduire.

b) aa) Les mains dans la position réglementaire.

bb) Reprendre la rêne intérieure et rendre la rêne extérieure. La jambe intérieure active pousse le cheval en avant. (Pl. XIX B.)

c) aa) Les mains dans la position réglementaire.

bb) Garder la rêne extérieure sans que la main se déplace vers l'intérieur. But : contrôler l'épaule extérieure.

cc) Reprendre la rêne intérieure. (Pl. XIX B.)

dd) La jambe extérieure active. But : contrôler la croupe de façon qu'elle ne fuie pas à l'extérieur.

ee) La jambe intérieure pousse le cheval en avant.

d) Par rêne extérieure contraire ou d'appui et ceci surtout dans une allure rapide. Pour avoir le meilleur contrôle possible de l'épaule extérieure, on obtient la conversion en jetant le cheval sur l'épaule intérieure (terrain, concours hippique). (Pl. XIX C.)

Un jeune cavalier n'ayant encore aucune fixité d'assiette et agissant d'après la quatrième méthode, soit rêne contraire, aura un effet diamétralement opposé à celui recherché, car le cheval prenant l'effet de rêne contraire pour une rêne directe tournera du côté non désiré.

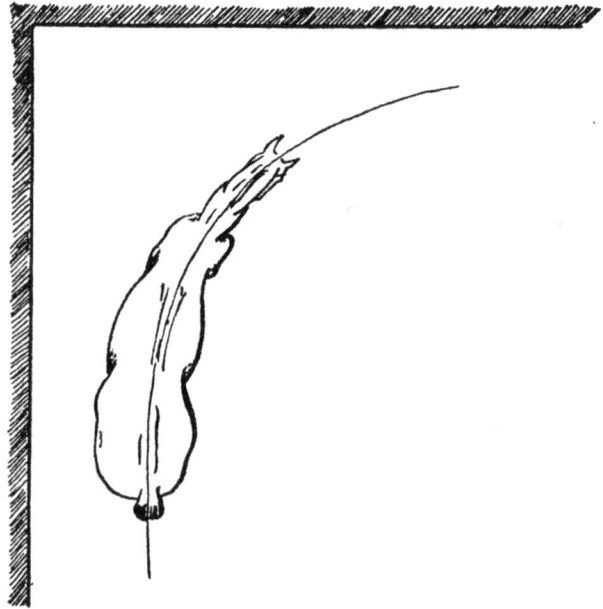

Passage du coin

2. Le passage du coin

Le passage du coin s'effectue par les aides intérieures actives, donc jambe intérieure et rêne intérieure d'appui. Mais il ne faut pas oublier que l'aide principale est la paroi et que si l'on monte dans un manège ouvert ou sur un carré de dressage, il faudra préparer le passage du coin par les aides extérieures pour que le cheval reste en équilibre. Pour les élèves débutants, il est bon de marquer le coin par un chevalet ou une perche posée à terre, de façon à forcer l'élève à entrer dans le coin.

3. Les voltes

Pour faire une volte, un cavalier donne les mêmes aides que pour une conversion, aides répétées quatre fois, c'est-à-dire à chaque quart de volte. Monter une volte ne sera demandé aux élèves que quand ceux-ci, ayant une certaine sûreté d'assiette, pourront agir efficacement par les aides extérieures (méthode 3 de la conversion.) Un cavalier routinier fera une volte par le déplacement des mains à l'intérieur et les aides d'assiette et de jambes appropriées.

4. Les parades

La demi-parade est le changement de cadence dans la même allure, ou le passage d'une allure supérieure à une allure inférieure. Par la demi-parade le cavalier change volontairement et continuellement l'équilibre du cheval. C'est ainsi le meilleur moyen qu'il a à sa disposition pour mettre le cheval en équilibre. Pour qu'une demi-parade ait un bon effet, elle doit s'effectuer dans l'impulsion, c'est-à-dire sur l'activité des jambes et non uniquement sur un effet restrictif de la main. Cet effet aurait le résultat d'amener le cheval derrière la jambe et derrière la main.

La parade consiste à immobiliser le cheval, à produire l'arrêt complet. La parade doit être douce et lente, afin de ne pas surprendre le cheval par des aides trop brusques, car des contractions en seraient le résultat. Dès que l'on force sur une contraction, c'est toujours l'un des points les plus faibles du système du cheval qui s'en ressent, il en résulte un travail asymétrique des muscles et du squelette du cheval. Dans la parade, les deux points faibles sont le dos et surtout les jarrets. Plus le perfectionnement du cheval augmente, plus les effets des jambes en relation avec la main deviennent efficaces. L'idéal de la parade est d'amener le cheval d'une allure rapide à l'arrêt, sans à-coup, uniquement par un rassembler grandissant.

5. Le reculer

Deux forces contraires qui se rencontrent s'unissent en une seule dont la direction est médiane. Le cheval, droit sur ses aplombs, est incité au reculer par les aides latérales se succédant alternativement. Les postérieurs ne doivent être ni trop engagés, ni laissés en arrière, mais perpendiculaires au sol. S'ils sont trop engagés, le reculer est impossible, car le cheval sous l'effet de la main perd l'équilibre. Si les postérieurs sont en arrière, la masse étant devant les aplombs postérieurs se trouve, dans le mouvement en arrière, perpendiculaire à ceux-ci; il en résulte une impossibilité de mouvement. Pour que le reculer soit possible pour le cheval, il doit se faire avec l'encolure longue afin de lui permettre l'emploi de son dos et de son arrière-main. Le mouvement de recul proprement dit peut être obtenu avec un cheval placé hors de la main. Mais de cette façon, outre le faux développement des muscles du dos et du ventre, le pas effectué en arrière étant dans l'impossibilité de venir du dos et de la croupe, viendra uniquement des jarrets, d'où travail partiel et défectueux du système d'angles et de l'arrière-main. De cette manière, le cheval apprendra vite à se défendre. Un cavalier expérimenté, ayant son cheval bien en équilibre, reculera naturellement avec une certaine élévation d'encolure provenant du degré de rassembler. Le reculer est parfait quand il s'effectue droit, pas à pas, avec élévation sans labourer le manège, le cavalier étant droit en selle. Un reculer correct est une des meilleures preuves d'obéissance de la part du cheval.

6. La mise en main

La mise en main est constituée par la décontraction des muscles de l'encolure et de la mâchoire. Elle remplit différents buts :

a) Rendre le cheval obéissant, léger.

b) Permettre au cheval de varier à volonté son équilibre.

c) Donner au cheval des réactions moins brutales par suite de son assouplissement.

d) Le rendre moins peureux, puisque, acceptant les aides, il se trouvera encadré et forcé de se plier à la volonté de son cavalier.

e) Paralyser les défenses du cheval.

La mise en main est l'exercice qui demande le plus de routine et de tact de la part du cavalier. Elle s'obtient seulement par une corrélation exacte des jambes et des mains. En partant du principe que la rêne est toujours soutenue par la jambe du même côté, le cheval sera monté sur une volte, sur un huit, puis dans les différents airs du travail sur deux pistes. Tout ce travail, entrecoupé de demi-parades, aura comme résultat l'assouplissement des muscles du cheval. Pour un élève cavalier, ce qui importe surtout, c'est de ne pas monter sans contact, la main raide et dure n'agissant que par à-coups.

7. Le rassembler

Le rassembler découle de la mise en main. A l'état naturel, le cheval emploie son arrière-main propulsivement et son avant-main réceptivement. Le but du rassembler est premièrement d'équilibrer le cheval par l'engagement de l'arrière-main en rétablissant des proportions de poids entre l'avant-main et l'arrière-main. Deuxièmement, par le rassembler les effets de rênes peuvent agir directement sur l'arrière-main, ce qui produit la légèreté du cheval à la main. Le rassembler doit s'effectuer dans l'impulsion par la coordination de l'action des jambes et de la main. La puissance des aides déterminera le degré du rassembler.

8. Les demi-tours

a) *Le demi-tour sur le centre.*

Le demi-tour sur le centre est la manière la plus facile de faire tourner un cheval. Le cavalier étant pivot, l'avant-main fait la moitié et l'arrière-main l'autre moitié du chemin dans la conversion. (Pl. XXIII.)

b) *Le demi-tour sur l'avant-main.*

Le demi-tour sur l'avant-main est un des exercices les plus simples et de ce fait employé presque exclusivement avec de jeunes cavaliers. C'est le premier contrôle de l'élève pour se rendre compte du degré d'effet de ses jambes. (Pl. XXIV.)

c) *Le demi-tour sur l'arrière-main.*

Le demi-tour sur l'arrière-main présuppose un degré supérieur de perfectionnement, puisque les aides sont diagonales. La base nécessaire pour obtenir cette figure est la connaissance complète par le cavalier de l'emploi des aides diagonales. Le demi-tour sur l'arrière-main est une volte marchée autour du postérieur intérieur dans une position de travers. Les deux fautes les plus courantes sont : le reculer du cheval et le rester piqué de l'arrière-main dont la conséquence est l'arracher de la figure. Pour parer dès le début à l'éventualité d'une de ces fautes, il faut commencer par une volte d'un plus petit diamètre que la normale. Une fois que le cheval est souple sur cette volte, le mettre dans la position de travers, puis rétrécir la volte jusqu'à ce que le postérieur intérieur marche sur place. Si le cheval recule, lorsque la volte devient nulle, et le postérieur pivot, il faut le pousser vigoureusement en avant.

Le demi-tour est un exercice très profitable pour perfectionner la coordination des aides et en particulier l'emploi des jambes. Il ne sera pas demandé que le demi-tour sur l'arrière-main soit exécuté d'une manière irréprochable, si les élèves n'ont pas encore appris le travers. Le but de cet exercice sera de leur apprendre à avoir de l'influence sur l'arrière-main. Il ne faudra que rarement exécuter de l'arrêt le demi-tour sur l'arrière-main, mais plutôt du pas. Ce sera moins un demi-tour sur l'arrière-main qu'une passade. De cette manière, il sera plus facile de garder l'impulsion.

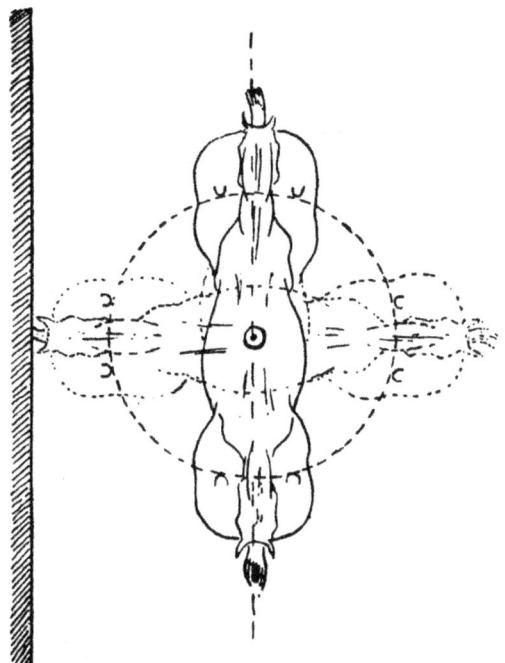

Le demi-tour sur le centre

Pl. XXIII

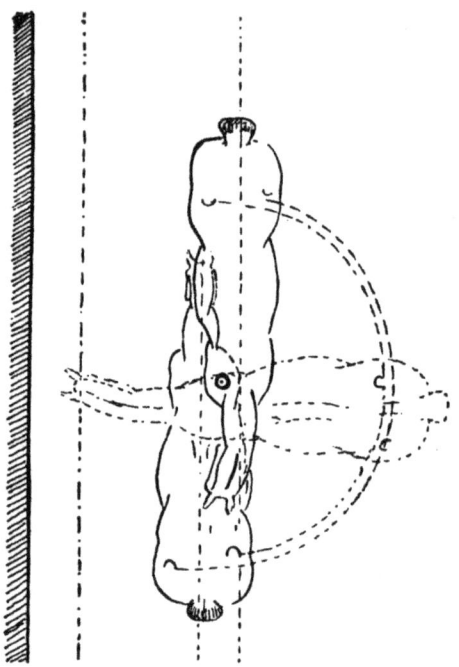

Le demi-tour sur les épaules
(sur l'avant-main)

Pl. XXIV

— 107 —

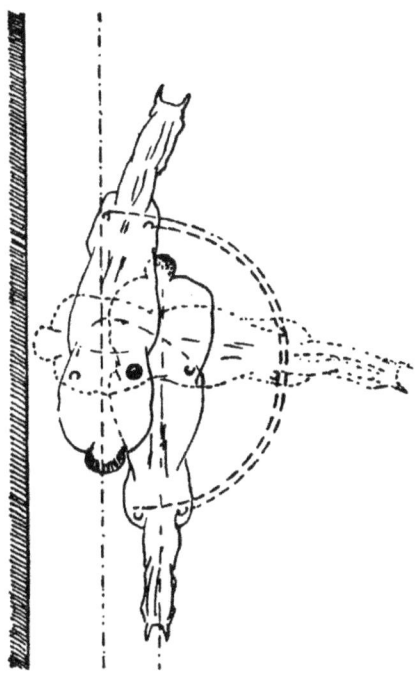

Le demi-tour sur les hanches
(sur l'arrière-main)

Pl. XXV

Dans un demi-tour sur l'arrière-main, reculer sera toujours une faute, tandis qu'avancer est pardonnable. (Pl. XXV.)

9. Le travail sur deux pistes

a) *Définition.*

Le travail sur deux pistes a pour but, outre l'assouplissement de tout le système, la recherche d'une position rectiligne du cheval (le mettre droit). Ce travail se divise en deux degrés : le degré inférieur et le degré supérieur. Le but du degré inférieur est d'obtenir simplement le pas de côté, de faire marcher le cheval sur deux pistes sans rassembler; il comprend le céder à la jambe. Le but du degré supérieur est de marcher sur deux pistes dans le rassembler; il comprend épaule en dedans, travers et renvers.

Dans ces différents exercices le degré de position de l'encolure sera limité par deux plans parallèles passant par les pointes d'épaule du cheval. Le degré de position du corps sera fixé par un bipède diagonal marchant sur la même piste. Les effets des jambes du cavalier assouplissent les épaules. En plus, l'une obtient le pas de côté proprement dit, l'autre actionne le postérieur extérieur et obtient ainsi le rassembler. L'une des mains réglera la position donnée par l'autre. Ces différents exercices seront toujours effectués dans la direction ouverte du manège, pour parer immédiatement à une faute du cheval en le poussant en avant.

b) *Le degré inférieur.*

Céder à la jambe

Le céder à la jambe est l'exercice le plus facile du travail sur deux pistes. Les aides sont latérales. La position du cheval est contre la direction de marche, le postérieur marchant sur la même piste que l'antérieur qui lui est diagonalement opposé. (Pl. XXVI et XXVII.)

c) *Le degré supérieur.*

Epaule en dedans

Epaule en dedans est l'exercice de base du degré supérieur. Les aides sont encore latérales, ce sera donc un céder à la jambe effectué dans le rassembler. En épaule en dedans sur main droite, par exemple, la position du cheval est à droite contre la direction de marche, l'avant-main sur la piste intérieure et l'arrière-main sur la piste extérieure, le postérieur droit marchant dans le tracé de l'antérieur gauche. En partant du céder à la jambe, plus le cheval devient obéissant à la jambe gauche par exemple, plus le cavalier doit essayer de le garder droit, avec une minime position à gauche. La rêne droite devenant plus active, et encadrant l'épaule droite, permettra de garder le cheval en équilibre. La jambe droite, également plus active, limitera le pas latéral du postérieur droit pour l'avoir dans une position plus horizontale. A ce stade le cheval aura quitté le degré inférieur et il sera en épaule en dedans. (Pl. XXVIII - II.)

Travers

Le travers est un exercice de dressage avancé, car le principe des aides est diagonal. La position du cheval est dans la

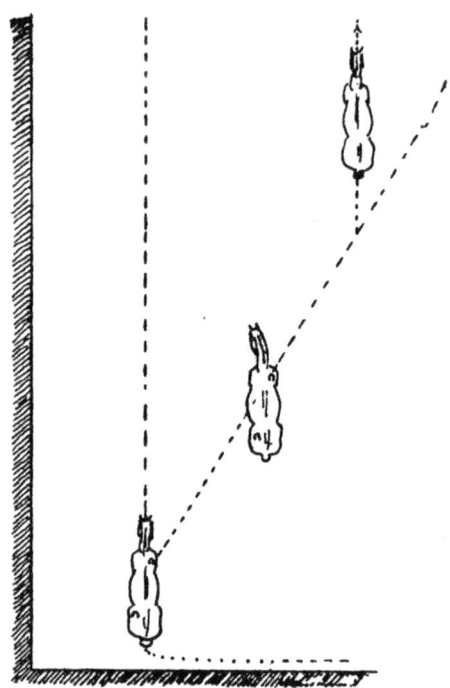

Céder à la jambe gauche

Pl. XXVI

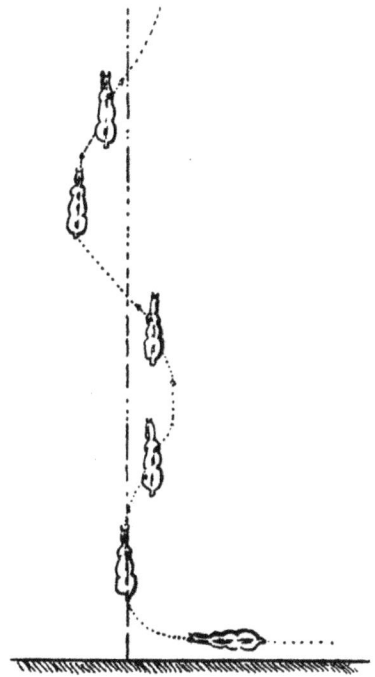

Céder à la jambe
alternativement gauche et droite

Pl. XXVII

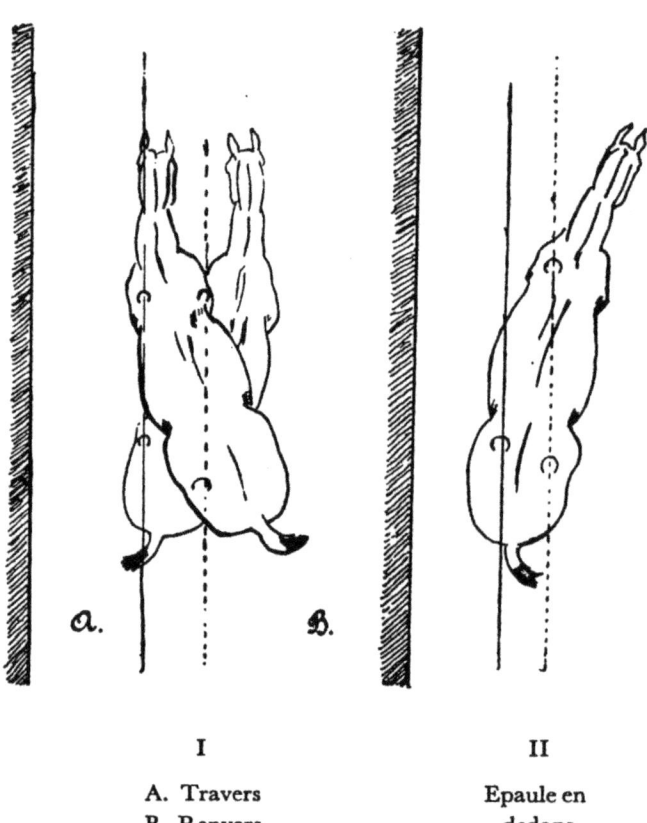

I

A. Travers
B. Renvers

II

Epaule en
dedans

Pl. XXVIII

direction de marche, l'avant-main sur la piste extérieure et l'arrière-main sur la piste intérieure, le postérieur extérieur marchant dans la trace de l'antérieur intérieur. La jambe extérieure aura le rôle principal, car elle obtiendra le rassembler par un effet sur le postérieur extérieur, la jambe intérieure, elle, poussera le cheval en avant. (Pl. XXVIII - I A.)

Renvers

Le renvers étant exactement le contraire du travers est soumis aux mêmes règles.

Les cavaliers de peu d'expérience devront se contenter du céder à la jambe. Le but de cet exercice, uniquement pratique, est de pouvoir déplacer son cheval latéralement sur une route afin de la laisser libre. (Pl. XXVIII - I B.)

XI. CHEVAL PEUREUX

Si le cheval s'effraie d'un obstacle, il faut lui détourner la tête de cet objet et passer en épaule en dedans, autrement dit l'encadrer par les aides opposées à cet obstacle.

Souvent, les jeunes cavaliers commettent la faute que nous expliquons par l'exemple suivant : Sur une plaine, un cheval

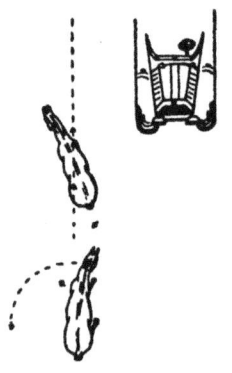

Fig. 47
(cheval peureux)

a peur d'un triangle rouge et blanc marquant un terrain d'atterrissage d'aviation. Un cavalier inexpérimenté, pour prouver son énergie, sa maîtrise et son tempérament, pousse son cheval par des aides fortes, jambes, éperons, cravache, jusqu'à ce que le cheval ait le nez sur le dit triangle dans le but de le lui montrer. Le cheval ne regardera pas, ne comprendra pas, mais associera simplement cravache et jambes avec triangle rouge et blanc et aura au prochain passage doublement peur. Un cavalier expérimenté ne cherchera pas à pousser son cheval sur l'obstacle, mais le prendra en épaule en dedans, la tête dans la direction opposée au triangle et par voix et flatteries lui fera comprendre, en passant à une certaine distance qu'il ne doit pas avoir peur. Le cheval associera triangle rouge et blanc avec voix et flatteries, il se laissera de ce fait conduire toujours plus près de l'obstacle et, pour finir, n'en aura plus peur. La conduite d'un cheval peureux dans la circulation routière est soumise aux mêmes règles.

XII. LE SAUT

1. Généralités

En matière de saut, les différentes écoles du monde entier se sont ralliées à l'école italienne dont le fondateur fut Caprilli.

Un des éléments préliminaires au saut qu'il ne faut pas négliger est la longueur des étriers, qui est en rapport avec la hauteur de l'obstacle à sauter. Dans les trois premiers stades que nous verrons plus loin, ils seront de deux trous plus courts que les étriers de manège et dans le quatrième stade ils seront raccourcis de deux à six trous, selon la construction de la selle, l'obéissance du cheval et le sentiment du cavalier. En parcours fermé, plus un cheval est difficile à conduire, plus longs seront les étriers, de façon à pouvoir l'encadrer le mieux possible.

2. Les quatre stades pour apprendre a sauter

a) *Exercice d'assiette en station libre et en mouvement.*

But : donner de la fixité à l'assiette pour permettre au cavalier de suivre le mouvement.

En station libre, adopter l'assiette de saut, mettre les bottes au cheval le talon bas (pied de saut), ne pas serrer les genoux, puis se pencher en avant et en arrière, la main rendant en direction de la bouche du cheval, de façon à fixer l'assiette. La hanche faisant pivot, le bas des jambes reste fixe jusqu'à l'extrémité du talon. Pendant tous ces exercices, la tête est portée haute, le regard dirigé en avant et la poitrine sortie.

Au trot, le cavalier exécute les mêmes exercices et entrecoupe une reprise de trot enlevé par quelque temps de trot assis, en prenant l'appui sur l'étrier, talon bas et pied de saut.

b) *Passage d'obstacles d'une hauteur de 0 à 40 centimètres.*

But : développer la fixité de l'assiette, la conduite et l'aptitude à suivre le mouvement.

c) *Saut d'obstacles de 50 à 80 centimètres.*

But : augmenter l'influence du cavalier.

d) *Le concours hippique.*

3. LES RÈGLES POUR AMENER UN CHEVAL SUR L'OBSTACLE

a) Le regard : Dès qu'un obstacle est franchi, le cavalier regarde le chemin à parcourir, puis l'obstacle suivant. Il augmente ainsi les chances de réussite du prochain saut en facilitant la conduite de 50 %.

b) Monter perpendiculairement à l'obstacle, donc droit.

c) Conduire son cheval en direction du milieu de l'obstacle.

d) Pousser et rendre progressivement.

Explication : 8 mètres avant l'obstacle le cavalier a 8 kilos dans la main et o kilo dans la jambe; 7 mètres avant, il a 7 kilos dans la main et 1 kilo dans la jambe. A 4 mètres de l'obstacle, il aura 4 kilos dans la main et 4 kilos dans la jambe et au moment où le cheval s'enlève, le cavalier aura o kilo dans la main et 8 kilos dans la jambe. Cette explication purement théorique ne veut démontrer que la progression et la régression des aides.

4. Le saut a la paroi

Si un obstacle est placé à la paroi, le cheval bourrera plus facilement à la main. Le saut sera peu instructif pour l'élève, car celui-ci n'apprendra pas à conduire son cheval, ni à pousser et à rendre progressivement. Si un cheval se défend devant un obstacle placé au milieu du manège, il est à conseiller de sauter à la paroi où il se portera plus facilement en avant et reprendra confiance.

5. Le saut par le milieu

Le saut d'un obstacle au milieu du manège exige du cavalier la conduite qui est dans le saut l'élément principal. En outre, le cheval est plus calme que s'il saute à la paroi.

Après plusieurs sauts par le milieu et lorsque le cheval aborde l'obstacle franchement, il est à conseiller, au moment où le cavalier s'engage sur la ligne du milieu à la fin de la conversion, de prendre les rênes dans une main et de flatter le cheval de l'autre.

Pendant la leçon de saut, les élèves sont répartis dans tout le manège, au trot enlevé et un sur deux double dans la longueur. A la paroi, il est bon que sans commandement les cavaliers flattent de temps en temps leur cheval et continuent les exercices prévus dans le premier stade.

Au point de vue conduite, le saut est plus facile sur main gauche que sur main droite, car le cheval étant généralement raide à gauche, dérobera plus facilement de ce côté-là.

« De toute façon il vaudra mieux sauter bas en recherchant les difficultés dans la conduite, que de sauter haut, la conduite étant aisée. »

Les premières fois qu'un élève monte un parcours dans un paddock, il est bon pour donner confiance au cavalier et au cheval de descendre les obstacles le plus bas possible ou même de les enlever complètement, sauf leur encadrement.

6. LE JUGEMENT DE LA DIFFICULTÉ DE L'OBSTACLE

En abordant un obstacle, un élève cavalier doit savoir quelles sont les difficultés qu'il devra vaincre. Prenons comme exemple un petit parcours de sept obstacles dans un manège. En C départ.

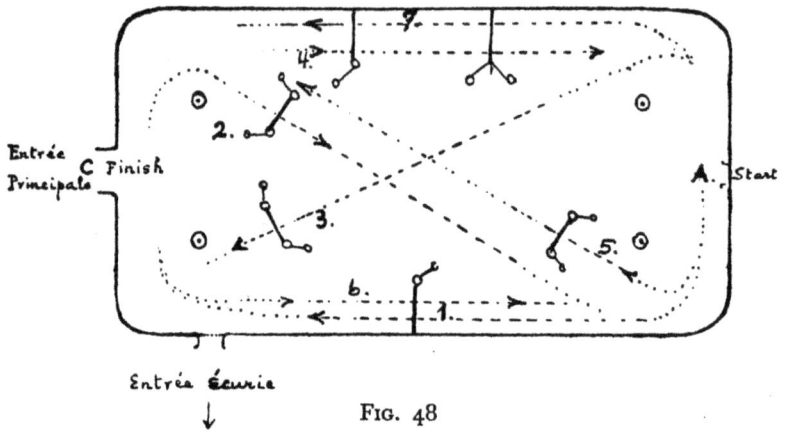

Fig. 48

No 1. Stationnata formée de deux barres, hauteur 60 centimètres, barre d'appel des deux côtés, et encadrement à gauche et à droite.

No 2. Oxer — haie et stationnata — hauteur 60 centimètres, largeur 60 centimètres, petit encadrement des deux côtés.

No 3. Mur rouge et blanc, encadré, d'une hauteur de 60 centimètres.

No 4. Double saut et stationnata, barre d'appel devant la première, les deux étant encadrés, hauteur 50 centimètres/6 mètres/60 centimètres.

No 5. Open-ditsh, haie surmontée d'une barre, hauteur 60 centimètres, encadrement des deux côtés.

No 6. Même obstacle que sous No 1, mais non encadré à gauche.

N° 7. Double saut, même obstacle que sous N° 4, mais plus difficile, puisque la première stationnata encadrée n'aura pas de barre d'appel et que la deuxième n'aura pas d'encadrement.

En A arrivée.

En A se trouve l'entrée principale du manège et en F la porte donnant directement dans l'écurie. Les quatre coins sont marqués par des cônes en bois, signalant le passage obligatoire.

A l'obstacle le cheval peut se défendre de quatre manières :

1) Dérober à gauche.

2) Dérober à droite.

3) Refuser.

4) Bourrer sur l'obstacle.

Nous allons voir, dans l'exemple choisi, ces quatre cas pour chaque obstacle.

Avant de prendre le départ en C, le cavalier regardera déjà le chemin à parcourir jusqu'au premier obstacle, soit le passage à l'extérieur de la borne.

Premier obstacle

Celui-ci est toujours à considérer comme un saut d'obéissance, le cheval n'étant pas encore en train. Il faut monter avec beaucoup d'influence, bien que le cheval saute plus volontiers en direction de l'écurie. L'obstacle étant encadré à gauche par la paroi et à droite par un encadrement étroit, le cheval ne pourra donc dérober qu'à droite, d'où jambe intérieure active et conduite avec la rêne gauche.

Regard du chemin jusqu'à l'obstacle N° 2, avec passage des bornes en F et en K.

Deuxième obstacle

Les risques de dérobade à gauche sont assez grands, surtout si le cavalier serre la borne de trop près. Par contre à droite, ils n'existeront que si le cavalier dépasse la perpendiculaire au milieu de l'obstacle, car le cheval bourrera en direction de l'obstacle N° 4. Le cheval pourra facilement refuser, vu l'impulsion difficile à donner par manque d'espace. S'il franchit l'obstacle, il pourra faire une faute des postérieurs due à la largeur et au manque d'impulsion.

Regard du chemin jusqu'à l'obstacle N° 3 avec passage des bornes en M et en H, demi-parade en H pour que le cheval ne bourre pas sur l'obstacle N° 7, mais se laisse conduire sur la diagonale.

Troisième obstacle

La difficulté de cet obstacle réside dans sa couleur peu naturelle et étrange dans un manège, le cavalier ayant la place pour monter sur l'obstacle et sautant direction écurie.

En sautant l'obstacle N° 3, il faut déjà regarder la borne en F, puis faire attention au passage de la borne en K.

Quatrième obstacle

Les deux obstacles étant encadrés des deux côtés et le

premier ayant une barre d'appel, la seule difficulté consiste à pousser le cheval après le premier saut sur le deuxième.

Sautant à la paroi, le cheval aura tendance à augmenter son allure, d'où résulte la difficulté après le passage des bornes en H et en M, de prendre la diagonale, difficulté accrue encore par le fait que le cheval bourrera sur l'obstacle N° 1 en direction de l'écurie, et que la conversion s'effectue sur main droite. Il faudra donc faire une très forte demi-parade en M et entrer fortement dans le coin.

Cinquième obstacle

Comme nous venons de le voir, seule la conduite jusqu'à l'obstacle N° 5 est difficile, le cheval abordant volontiers un obstacle naturel.

Passage des bornes en K et en F.

Sixième obstacle

Avant d'aborder l'obstacle, le cheval peut être tenté de coller à la porte de l'écurie qui se trouve en « F ». Le saut précédé d'une barre d'appel est, en lui-même, facile. Cependant le cavalier devra éviter que sa monture ne dérobe à gauche, à cause du manque d'encadrement.

Septième obstacle

Sa difficulté réside dans le fait que la première stationnata du double saut est droite, sans barre d'appel et que le cheval bourrant sur la main en direction de la sortie du manège, risque de faire une faute. La deuxième difficulté vient du fait que le second obstacle n'est pas encadré à gauche et que le cheval peut essayer de dérober.

Passage de la borne en K, est d'autant plus facilement oublié que le dernier obstacle est franchi.

Arrivée en A.

7. Le saut a la main

Si l'on n'a pas de couloir à sa disposition, le saut à la main se fera au manège. Il faut avant tout habituer le cheval à tourner le long des parois aux trois allures. Pour lui faciliter la marche sur la piste extérieure, il est bon de marquer les coins par un encadrement. Nous rappelons qu'il importe avant tout de travailler avec calme et qu'il ne faut employer le fouet que le plus rarement possible, mais par contre user largement de récompense. Le but du saut à la main est de manéger le cheval sans influence de la part du cavalier, c'est-à-dire de lui apprendre à estimer lui-même son saut. Il est à conseiller de ne pas rechercher la hauteur, mais par contre la difficulté de l'obstacle, en ne sautant que des perches seules, autrement dit, des obstacles sans pieds. Une perche seule représente une stationnata, deux perches de même hauteur éloignées l'une de l'autre de 1 mètre à 1 m. 80 représentent un oxer et deux perches placées de 4 à 7 mètres l'une de l'autre un double saut. (Pl. XXIX.) Moins l'obstacle sera élevé, plus courtes seront les distances séparant les deux obstacles d'un double saut.

Si un cheval ne trouve pas le départ assez tôt, au lieu de

placer un cavaletti comme barre d'appel, il est plus avantageux de placer deux perches formant un V, la pointe du V reposant sur le milieu de l'obstacle. (Pl. XXX.) Le V forme un corridor qui fait partir le cheval tôt, sans qu'il s'habitue à évaluer le moment propice à son départ à l'aide d'une barre d'appel. Plus l'ouverture du V est petite, plus le saut est facile.

En terminant l'exposé sur le travail au manège et au saut, nous voulons encore rappeler que :

1) le but de l'équitation est de monter un cheval en équilibre;

2) la base de l'équitation est la cadence;

3) le secret de l'équitation se trouve dans les aides latérales;

4) la clef de l'équitation est dans les aides extérieures.

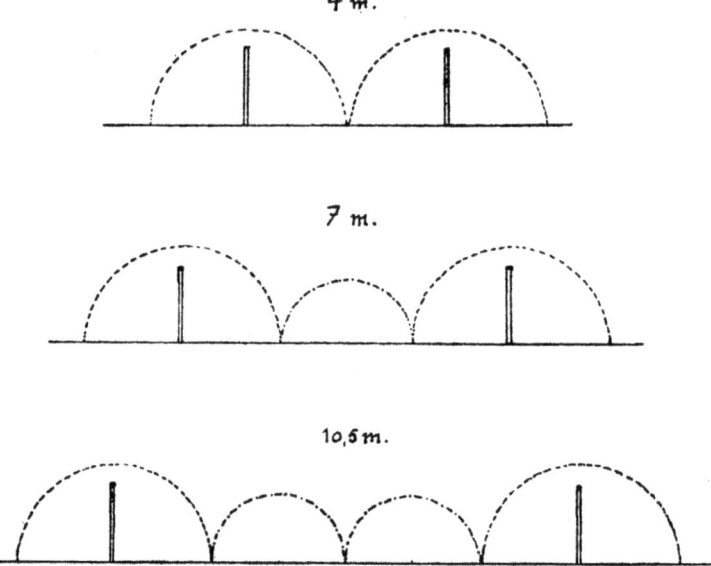

Pl. XXIX

Perches en V

XIII. VOLTIGE

La voltige, soit à l'arçon, soit à la selle, est un excellent moyen pour assouplir le cavalier. Les leçons de voltige doivent être proportionnelles au temps dont on dispose. Plus les périodes d'instruction seront longues, plus il faut faire de voltige.

XIV. LE MAITRE D'ÉQUITATION

1. Généralités

Dans les chapitres précédents, nous avons essayé d'expliquer les principes fondamentaux de l'équitation du point de vue scientifique. Nous avons cherché à établir dans quel équilibre le cheval se meut en analysant exactement le mécanisme des différentes allures. Nous avons fixé sur de petits croquis la position des mains, le maniement des rênes, la place des jambes, l'attitude du corps ainsi que de l'assiette. Il nous reste maintenant à voir l'application de ces principes au cours des différentes périodes d'instruction.

Dans l'introduction, nous avons défini l'équitation comme étant une science artistique. Les maîtres d'équitation, et nous entendons par là, en commençant par le lieutenant d'artillerie, tous ceux qui donnent des leçons et prennent de ce fait la responsabilité de l'enseignement, doivent être des professeurs à la hauteur de leur tâche et non des héritiers de lointaines traditions, qui par des hurlements, accompagnés de coups de fouet, enseignent à leurs élèves apeurés la mise en confiance. Le maître d'équitation doit donc enseigner, expliquer, donner à ses élèves une ligne de conduite exacte, démontrer et prouver les principes équestres. Il ne doit pas borner son instruction à faire tourner le long des parois aux trois allures, avec quelques voltes ou changements de mains, des élèves cavaliers mélancoliques, montés sur des chevaux tristes et abattus, qui d'ailleurs n'exécutent les figures demandées qu'au commandement.

Le maître d'équitation consciencieux a le devoir de se tenir au courant des progrès que, par la science moderne, l'équitation a faits. Il ne faut pas, par commodité, en rester toute sa vie à sa petite méthode simplette et primaire, fruit de quelques heures d'équitation. Dans toutes les branches militaires et civiles, les connaissances acquises doivent ensuite être complétées, développées et perfectionnées par un travail incessant. N'oublions pas que c'est souvent pour l'équitation que l'on dispose du temps le plus restreint et que cette parcimonie doit être compensée par des données théoriques appropriées.

En deux douzaines de leçons, il ne sert à rien de parler d'épaule en dedans, de travers ou renvers, en oubliant d'apprendre aux élèves le changement de pied au trot enlevé ainsi que les principes fondamentaux primaires.

Posons une règle : la routine s'acquiert de deux manières différentes :

a) sans enseignement théorique, par une longue expérience ;

b) dans un laps de temps limité, par un enseignement rationnel qui compensera le manque d'expérience.

Ancien maître d'équitation

2. Les qualités du maitre d'équitation

Un maître d'équitation doit être calme, parler à haute voix sans crier, faire preuve de compréhension, ne jamais s'emporter, être psychologue, humain et compréhensif envers ses élèves et ne pas croire que ceux-ci, s'ils ne répondent pas immédiatement à une correction, le font par mauvaise volonté, alors qu'en réalité, tout à leur ouvrage, ils n'ont pas entendu la correction. Il doit donner des corrections justes et appropriées, et même si le résultat n'est pas parfait, dire à l'élève une fois que c'est bien, le récompensant ainsi de sa bonne volonté. Le maître d'équitation doit être sévère en ce qui concerne la discipline. Il ne s'agit pas, dans ce cas, de drill, mais de demander à l'élève une attitude souple et attentive. De plus, le maître d'équitation doit faire preuve de maîtrise de soi-même et par son attitude obtenir des leçons dépourvues d'agitation.

Il doit posséder de la routine et, si elle fait défaut, la compenser en se donnant cœur et âme à ses élèves par un enseignement judicieux et scientifique.

3. Quelques conseils

En règle générale, le maître d'équitation peu sûr de lui ne doit pas essayer, sous les yeux de ses élèves, de corriger un cheval récalcitrant, car celui-ci sur des aides plus fortes, se défendra avec d'autant plus de vigueur. L'élève, à la vue de ces défenses, perdra toute confiance.

Les deux cas les plus fréquents sont : désobéissance au saut et départ au galop à faux. Si un cheval galope à faux, inciter l'élève à revenir à la première méthode, soit la mise au galop sur perte d'équilibre. Si un cheval refuse de passer des obstacles, nous conseillons au maître d'équitation de rabaisser la hauteur jusqu'à quelques centimètres et de se contenter, après avoir relevé un peu l'obstacle, d'une hauteur inférieure à celle sautée auparavant.

Lorsqu'un cheval se défend, un maître d'équitation averti montera le dit cheval après la leçon, en commençant par les débuts et, après une ou deux reprises, le cheval reconnaissant les aides justes n'offrira plus de difficultés.

4. Les corrections

Une classe se composant ordinairement de neuf à quatorze cavaliers, la durée de la leçon étant de une heure à une heure et demie, le maître d'équitation ne pourra jamais s'offrir le luxe de se reposer un moment, car cela correspondrait à une perte de temps.

Exemple : Quand le maître d'équitation appelle un élève sur la ligne du milieu pour lui donner une correction individuelle, l'élève, suivant la place où il se trouve dans le manège, mettra une seconde à une minute pour arriver devant lui. Le maître d'équitation doit employer ce temps à corriger un autre élève par la deuxième méthode, décrite ci-après.

Nouveau maître d'équitation

Il se peut que la position du cavalier soit assez satisfaisante, mais que les distances dans le travail en section soient déplorables.

Dans ce cas, le maître d'équitation devra employer toute une leçon à ne corriger que les distances, sans trop s'occuper de la position individuelle des élèves. Le travail principal consistera surtout à partir de la ligne du milieu en section par le commandement : « Position à droite, section au pas, marche ! », et du coin, au début de la longue paroi, faire partir la tête au trot à une distance de trois pas, par le commandement « A trois pas, tête au trot, marche ! ». A ce commandement le deuxième cavalier fera une forte demi-parade et ne partira au trot que quand il aura sa distance de trois pas. Pour les suivants ce sera la même chose. Il faut s'attendre naturellement à ce que cette figure rate, car c'est de toutes celles employées une des plus difficiles et celle qui demande le plus de discipline et de corrélation des aides. Dans ce cas, le maître d'équitation rappellera sa classe dans la position initiale sur la ligne du milieu et recommencera. Au cours de cet exercice, la place du maître d'équitation sera près de la classe à côté du cavalier qui attend d'avoir la distance de trois pas pour se mettre au trot.

Il arrive souvent aussi que la classe soit satisfaisante, mais que les cavaliers n'osent pas reprendre la rêne ou donner de la jambe. Un mode de leçon à conseiller est le suivant : la classe est répartie sur deux voltes, le maître d'équitation se trouve entre celles-ci, au milieu de la longue paroi. Par des commandements successifs assez rapprochés les uns des autres, tels que : petite volte, galop, trot, demi-tour à droite, arrêt, trot, pas, galop, etc., sans corrections, il obtiendra que les cavaliers montant sans influence se trouveront tous dans un coin, ne sachant s'ils doivent monter sur main droite ou sur main gauche. Il les répartira à nouveau sur les deux voltes et recommencera l'exercice. Les élèves seront ainsi forcés de devenir plus actifs de la jambe et de la main pour pouvoir arrêter leur cheval ou faire les conversions demandées. Après quelques minutes, le maître pourra donner des commandements plus espacés et exiger plus d'exactitude.

A chaque leçon, le maître d'équitation aura comme but principal de ne corriger qu'un seul défaut. A la fin de la leçon, tous les élèves sans exception devront avoir atteint ce but, par exemple : main basse et poignets arrondis. Comme but secondaire, il corrigera naturellement les fautes individuelles de chacun. Il y a quatre manières de donner des corrections :

a) *Corrections individuelles d'une portée générale quand la classe est rassemblée.*

En principe, le maître d'équitation emploiera chaque jour quelques minutes à faire une théorie. Pendant ce temps, les chevaux arrêtés, la rêne abandonnée, se reposent ainsi que les élèves.

But : Explications de nouvelles questions et répétition de celles déjà traitées. Au cours de cette théorie, le maître corrigera individuellement une mauvaise tenue. La portée de cette correction individuelle sera alors générale. Par exemple : « Aspirant X, redressez-vous ! » Aujourd'hui je vais traiter avec vous les différentes manières de la mise au galop. « Aspirant Y, levez la tête ! » Le résultat de cette correction individuelle est que tous les élèves se redressent.

b) *Corrections individuelles à la classe au travail.*

La classe, répartie sur une main, le maître d'équitation corrige à distance un élève. Si la classe est disciplinée et déjà à un stade avancé, cette correction donnera un bon résultat.

Avec des débutants, la correction ne portera pas de fruits. Par exemple : « Aspirant X, mettez la jambe en arrière, n'appuyez pas sur l'étrier ! » Correction inexistante de la part de l'élève, d'où répétition de l'ordre. « Aspirant X, asseyez-vous sur l'enfourchure et les ischions et non sur les étriers, laissez le bas de votre jambe venir en arrière depuis le genou ! » Si le résultat n'est pas satisfaisant, le maître d'équitation doit alors appeler l'élève sur la ligne du milieu et lui expliquer ce qu'il veut de lui. Nous arrivons ainsi à la troisième manière.

c) *Corrections à un élève arrêté sur la ligne du milieu.*

L'élève, en station libre sur la ligne du milieu, est placé dans la bonne position par le maître d'équitation. Celui-ci contrôle en premier lieu le relâchement des muscles de l'élève, sa décontraction et une fois la position voulue atteinte, il le renvoie au travail. Si l'élève perd cette position, il doit se remettre de lui-même au pas, se corriger, puis repartir au trot.

d) *Corrections mnémotechniques.*

Par mnémotechnie, la classe doit savoir que le commandement « Au pas, marche ! » et « Halte ! » signifie « Garde à vous ! » donc « Redressez-vous, corrigez votre position ! »

5. La réception des chevaux

Dès la réception des chevaux jusqu'à ce que les élèves se trouvent au manège, le maître d'équitation a diverses tâches.

a) La lecture des verbaux lui apprendra la race, l'âge et les défauts des chevaux. Il connaîtra les rueurs, les chevaux sensibles à la jambe et à monter sans éperons, ceux jaloux de leur avoine à l'écurie, ceux qui ne s'attèlent pas, ceux qui doivent être sellés avant les autres et enfin, toute faute de caractère et de tempérament.

b) Il préparera la répartition des chevaux aux cavaliers. Grands chevaux, grands cavaliers, n'est pas une règle absolue. Un grand cavalier montera un cheval fort, court de rein, si possible large, et un petit cavalier un cheval étroit ou faible du dos, même s'il est grand.

La répartition faite, on ne changera chevaux et cavaliers qu'au cours de longues périodes. Il faut garder la même attribution pour des services de courte durée. Certains chevaux ont la réputation de faire de mauvais cavaliers. Ils seront à changer toutes les semaines et à faire monter seulement par les meilleurs cavaliers.

c) Les cavaliers se présenteront à l'écurie pour apprendre tout d'abord, avec démonstration à l'appui, comment on s'approche d'un cheval. Tout d'abord il faut l'avertir, puis passer près de la croupe pour que s'il rue, le cavalier atteint ne soit que projeté en arrière et non frappé. Tout ce que l'on fait à un cheval se fait de la gauche, puisqu'il est ainsi dressé. Cependant, pour seller un cheval, le cavalier passera du côté droit de celui-ci pour lui placer la selle sur le dos. Un rueur se reconnaît à un petit ruban rouge tressé dans les crins de la queue.

d) Il faut sortir droit de la stalle de l'écurie, en commençant par le cavalier le plus éloigné de la porte, les rueurs en queue de la section, les chevaux à trois pas d'intervalle afin

Toujours entrer du côté gauche

Pl. XXXIII

d'éviter les ruades. Le cavalier de tête va lentement pour que les distances ne s'agrandissent pas. Ainsi l'on évite tout énervement et agitation. Pour entrer au manège, il faut passer au milieu de la porte, en conduisant le cheval droit. Le maître d'équitation qui contrôle la classe se trouve à l'intérieur des conversions (écurie, manège).

e) Au manège, les cavaliers se rendent sur main gauche et montent à cheval à la paroi, le maître d'équitation les aidant à se mettre en selle. Après deux ou trois reprises de manège, on peut les laisser monter à cheval individuellement sur la ligne du milieu.

f) Le maître d'équitation doit saisir toutes les occasions pour contrôler le sellage, depuis le moment où la classe est à l'écurie jusqu'à celui où elle se trouve au manège.

6. La formation de la section

Trois faits sont importants à observer :

a) La section prise dans son ensemble doit former un tout agréable à la vue sous le rapport des différentes couleurs des robes des chevaux.

Prenons différents exemples. La couleur des chevaux d'une classe de onze cavaliers est répartie comme suit : six bais, quatre alezans et un cheval blanc. Première possibilité : bai foncé, bai cerise, bai clair, alezan, alezan doré, cheval blanc, alezan doré, alezan, bai clair, bai cerise, bai foncé. Le cheval blanc se trouve au milieu de la section, précédé et suivi de cinq chevaux de couleur graduée, il donnera de l'équilibre à la classe, même après un changement où le cavalier de queue se trouvera en tête. Le cheval blanc par sa couleur a de tout temps attiré les regards. Il sera monté par un des meilleurs cavaliers de la classe.

Deuxième possibilité : Le cheval blanc en tête, suivi des quatre alezans et des six bais, leur couleur passant du clair au foncé.

Troisième possibilité : Les six bais, suivis des quatre alezans et du cheval blanc.

Quatrième possibilité : Bai, alezan, bai, alezan, bai, blanc, bai, alezan, bai, alezan, bai. Dans ce cas, la tête de la classe pourra se composer de bais et alezans de couleur foncée et la fin de ceux de couleur claire, ou l'inverse. Il est également possible de graduer les couleurs du foncé au blanc et du blanc au foncé.

Admettons qu'une classe de douze cavaliers est composée de quatre chevaux blancs, quatre alezans et quatre noirs.

Première possibilité : Un blanc, un alezan, un noir, répété quatre fois dans le même ordre.

Deuxième possibilité : Quatre chevaux blancs suivis de quatre alezans et de quatre noirs.

Troisième possibilité : Deux noirs, deux alezans, quatre blancs, deux alezans, deux noirs.

Les différentes possibilités sont si nombreuses que nous ne voulons pas nous étendre davantage sur ce sujet. Comme on ne peut discuter des goûts et des couleurs, selon le vieil adage, loin de nous la pensée de vouloir imposer une théorie. Nous voulons seulement rendre attentifs les maîtres d'équitation à l'avantage spectaculaire qu'il y a à présenter une classe de la manière la plus ordonnée et la plus élégante.

b) Les chevaux doivent être placés selon leur grandeur.

Première possibilité : Les plus grands au milieu de la section, les plus petits en tête et en queue, pour donner de l'équilibre à la classe et pouvoir la présenter indifféremment sur les deux mains, en changeant le cavalier de tête.

Deuxième possibilité : Les chevaux les plus petits en tête, les plus grands en queue de la section, si ceux de taille élevée dépassent de beaucoup la moyenne. Dans ce cas, il est à conseiller de ne présenter la classe que dans le même sens avec le même cavalier de tête.

Le cheval le plus cadencé et le mieux dressé sera en tête.

c) Les cavaliers doivent aussi être placés selon leurs aptitudes. En tête le meilleur cavalier, les cavaliers les plus faibles sont répartis dans le dernier tiers de la classe pour que leur tâche soit facilitée, surtout dans les mises au galop, car ils se trouveront à la courte paroi.

7. Les visites et inspections

Si un inspecteur ou un visiteur vient assister pendant quelques minutes à une leçon, le maître d'équitation ne devra pas continuer sa leçon ou apprendre à ses élèves une nouvelle figure et traiter une nouvelle question théorique, mais montrer ce que la classe a appris. Ce qui intéresse toujours un inspecteur, c'est le stade de perfectionnement de la classe et quelquefois seulement la manière dont le maître d'équitation donne ses leçons. Dans ce dernier cas, l'inspecteur en émettra le désir. Le maître d'équitation pourra montrer du travail individuel, avec changement de main, par conséquent de pied, du saut (nous rappelons qu'il est plus facile de sauter sur main gauche) ou du travail en section. Dans une présentation de ce genre, le maître d'équitation a la latitude de corriger ses élèves, mais il devra s'en tenir au strict minimum.

Dans une inspection, le programme est imposé, mais son exécution reste libre. Le maître d'équitation présentera sa classe, les chevaux rangés d'après leurs couleurs, les cavaliers selon leurs aptitudes. Les chevaux propres auront la crinière et la queue brossées; les cavaliers les bottes brillantes, le pli de leur tunique bien tiré. Le programme sera symétrique, par exemple : volte, arrêt, départ au galop sur chaque main. Si le temps est limité, le maître d'équitation ne montrera qu'une figure sur chaque main; par exemple : sur main gauche un demi-tour, sur main droite une volte. Quant aux départs au galop ils devront toujours être exécutés sur les deux mains. Les figures seront commandées afin que la classe les exécute devant l'inspecteur. Par exemple : si l'inspecteur se trouve en X au centre du manège, le maître d'équitation ne pourra pas commander un changement de main dans la longueur du manège, mais seulement dans la demi-longueur, pour que la classe passe devant l'inspecteur et non sur ses pieds. Ce cas n'est à observer que dans la limite du possible. Les parts de réussite d'une classe inspectée sont réparties comme suit : la bonne moitié au maître d'équitation (commandements justes!), le quart au cavalier de tête (cadence!) et le reste à la classe.

Nous conseillons de ne pas exercer dans son ensemble et tous les jours, le programme d'inspection. Il est beaucoup plus profitable d'en exercer isolément les différentes figures en changeant leur ordre, afin d'augmenter le plaisir et l'attention des élèves. A la présentation, la classe sera plus attentive et le maître d'équitation plus libre, plus apte à modifier ses commandements, s'il perd par hasard momentanément le fil du programme.

XV. L'ÉQUITATION EN 70 QUESTIONS ET RÉPONSES

1. *Question* : Quel est le but du travail en section ?
   Réponse : a) La discipline.
   b) Le maintien exact des distances.
   c) Le jugement d'ensemble de la classe.

2. *Q*. Quel est le but du travail individuel ?
   R. Le développement de la conduite.
   Pour que le travail individuel soit profitable, chaque élève doit se faire un petit programme.

3. *Q*. Comment fonctionne l'intellect du cheval ?
   R. Par association des sensations reçues et non par réflexion.

4. *Q*. Quelle est la chose la plus importante en équitation ?
   R. La cadence.
   Explication : Il est moins astreignant pour un cheval d'être monté par un cavalier novice à la cadence lente, que par un bon cavalier à une cadence supérieure à celle prescrite.

5. *Q.* Quel est le dicton concernant la cadence?

   R. Ce n'est pas le chemin parcouru, mais la vitesse qui use le cheval.

6. *Q.* Quelle est la cadence au pas?

   R. 100 mètres/minute en section, 120 mètres/minute seul. *Explication :* 120/mètres minute est une cadence maximale atteinte par quelques escadrons après de longues périodes de service.

7. *Q.* Quelle est la cadence au trot?

   R. 200 mètres/minute.

8. *Q.* Quelle est la cadence au galop?

   R. 333 mètres/minute.

9. *Q.* Quelle est la répartition du poids du cheval sur ses aplombs?

   R. Deux tiers sur les antérieurs, un tiers sur les postérieurs.

10. *Q.* De combien est le mouvement oscillatoire de l'encolure aux trois allures?

    R. Au pas 30º, au trot 0º, au galop de 5º à 15º, soit du galop raccourci au galop allongé.

11. *Q.* Quel est le mécanisme du pas?

    R. Le pas est à quatre temps, mais ce qu'il importe de savoir c'est que sur huit moments différents, six moments sont diagonaux et deux latéraux. Le cheval se trouve donc pratiquement en équilibre sur des bases diagonales.

Bonne position au montoir

12. *Q*. Si un cavalier demande de son cheval au pas la vitesse kilométrique pure, est-ce que le cheval peut continuer à se déplacer sur des bases diagonales?

    R. Non, plus le cheval sera poussé au pas, plus les bases diagonales se perdront en faveur des latérales.

13. *Q*. Comment s'appelle l'allure d'un cheval qui marche latéralement?

    R. L'amble.

14. *Q*. Avantages et désavantages de l'amble?

    R. Avantage de vitesse qui est égale au double de celle du pas, soit 12 km./heure. Désavantage concernant l'équilibre : le cheval se déplace sur perte d'équilibre, donc latéral droit, perte d'équilibre; latéral gauche, perte d'équilibre.
    Explication : Un ambleur butera dans le terrain et sera peu sûr, c'est pourquoi on demande au cheval de marcher non à l'amble, mais au pas, malgré la vitesse inférieure de celui-ci.

15. *Q*. Comment un cheval se met-il, de l'arrêt, à marcher au pas?

    R. Deux tiers de son poids chargent son avant-main. L'oscillation verticale de l'encolure est de 30º.
    Le poids de sa tête est de 60 kilos.
    Le cheval allonge son encolure, descend sa tête et perd son centre de gravité en avant, à la suite duquel il est entraîné, sans effort musculaire.

16. *Q*. Quelle est la longueur du pas du cheval?

    R. Six cinquièmes de sa hauteur au garrot, environ 2 mètres.

17. *Q.* Quelle longueur de rêne faut-il avoir pour atteindre un pas de 2 mètres ?

R. Rênes abandonnées.

18. *Q.* A la rêne longue, de quelle longueur est le pas ?

R. Théoriquement de 2 mètres, car le cavalier devrait pouvoir suivre avec la main le mouvement vertical de 30º de l'encolure. Pratiquement de 20 centimètres plus court, car même un contact léger contrarie le mouvement de balancier de l'encolure.

19. *Q.* A la rêne courte, de combien la longueur du pas sera-t-elle raccourcie ?

R. De 50 centimètres, soit du quart de sa longueur.

20. *Q.* Le cheval peut-il se déplacer dans ce cas sans effort musculaire ?

R. Non, car il devra vaincre la résistance offerte par la main.

Exemple : Pour couvrir une distance de 100 kilomètres, un cheval fait 50.000 pas, sans effort musculaire, si le cavalier monte à la rêne abandonnée. Si le cavalier monte à la rêne courte, le cheval fait 62.500 pas, soit un quart en plus qu'à la rêne abandonnée. Au nombre de pas supplémentaires est encore ajoutée une augmentation de dépense de ses forces, car le cheval doit vaincre la résistance de la main.

21. *Q.* Le cheval doit-il toujours être monté à la rêne abandonnée ?

R. Non, dans trois cas le cavalier doit reprendre les rênes.

22. *Q.* Quel est le premier cas ?

R. Quand un objet peut effrayer le cheval.

23. *Q.* Quel est le deuxième cas ?

R. Lorsqu'on se trouve sur une route glissante.

Explication : Dans ces deux cas, il faut raccourcir la longueur du pas pour que le cheval puisse plus facilement reprendre son équilibre menacé. *Exemple :* Un homme qui marche sur une patinoire fait des pas plus petits que sur une route sèche.

24. *Q.* Quel est le troisième cas ?

R. Quand le cheval est fatigué.

Explication : Un cheval fatigué porte l'encolure allongée et basse. De là résulte une surcharge de l'avant-main et un risque de chute.

25. *Q.* En principe, quand doit-on monter le cheval à la rêne abandonnée ?

R. Toujours, si la durée de la sortie n'excéde pas une à deux heures.

26. *Q.* Durant une grande course, quelle longueur de rênes faut-il avoir ?

R. Rênes longues, donc le contact avec la bouche.

27. *Q.* Quel est le mécanisme du trot ?

R. Le trot est à deux temps et diagonal.

28. Q. A quoi faut-il faire attention quand un cavalier trotte sur la route ?

R. a) A la cadence, 200 mètres/minute.

b) Au changement de pied à chaque changement d'allure.

c) A rester au fond de la selle.

d) A suivre le mouvement.

29. Q. Quelle longueur de rênes doit-on avoir au trot ?

R. Des rênes courtes à mi-longues, car :

a) L'encolure est figée (mouvement oscillatoire 0 degré).

b) La bouche du cheval doit se décontracter et rendre sous l'influence des jambes et de la main.

c) Le poids doit être réparti un peu plus sur l'arrière-main.

30. Q. Quel est le mécanisme du galop ?

R. Le galop normal est à trois temps.

a) Premier temps : postérieur extérieur.

b) Deuxième temps : diagonal extérieur.

c) Troisième temps : antérieur intérieur, soit celui qui donne son nom au galop.

31. Q. Comment peut-on savoir uniquement par le mécanisme du galop si l'on se trouve au galop juste ou au galop à faux ?

Mauvaise position au montoir

Pl. XXXV

R. Le mouvement est diagonal, de l'extérieur à l'intérieur. Si le cavalier est projeté à l'intérieur, il galope juste, s'il est projeté à l'extérieur, il galope à faux.

32. *Q*. Pour que l'assiette soit juste au galop, comment doivent être placées hanches et épaules du cavalier?

    R. La hanche intérieure est en avant, l'épaule intérieure est retenue (en arrière).

33. *Q*. De combien de manières prend-on le galop?

    R. De trois manières :

    a) Sur une perte d'équilibre.

    b) En équilibre.

    c) Par un compromis.

34. *Q*. Quelles aides donne-t-on pour mettre son cheval au galop sur perte d'équilibre?

    R. Les aides extérieures.

35. *Q*. Quelles aides donne-t-on pour partir en équilibre?

    R. Garder le cheval droit par les aides intérieures, le corps droit et départ à la jambe extérieure sans rendre la rêne intérieure.

36. *Q*. Quelles aides emploie-t-on pour le départ par compromis?

    R. *a)* Reprendre les rênes et mettre la jambe intérieure au cheval.

    b) Rendre la rêne intérieure et donner le départ avec la jambe extérieure.

37. *Q.* Quelle longueur de rênes doit-on avoir au galop ordinaire ?

R. Rênes mi-longues, effet modéré des jambes, si le cheval a du sang.
Rênes plus courtes, effet plus vigoureux des jambes, si le cheval lourd a de la peine à se porter.

38. *Q.* Peut-on galoper au cours d'une grande course ?

R. En principe, non, le trot est l'allure à conseiller.

39. *Q.* Combien y a-t-il de positions à cheval ?

R. Trois assiettes différentes :
   a) L'assiette juste où le triangle enfourchure et ischions supporte un poids équivalent.
   b) Spaltsitz, plus de poids étant sur l'enfourchure que sur les ischions.
   c) Stuhlsitz, plus de poids sur les ischions que sur l'enfourchure.

40. *Q.* De ces deux assiettes défectueuses, quelle est la moins mauvaise ?

R. Le Spaltsitz, car si le cavalier n'a pas d'influence sur sa monture, il suit parfaitement le mouvement.

41. *Q.* Quelle longueur ont les étriers de manège ?

R. Elle est telle que l'angle du genou soit de 120 degrés.

42. *Q.* Les genoux sont-ils serrés à la selle ?

R. Non, ils sont en contact léger avec la selle, car s'ils étaient serrés, les jambes n'auraient pas d'action.

43. Q. Le pied doit-il être parallèle au cheval ?

R. Non, le pied doit former un angle de 30º avec le cheval.

44. Q. Qu'est-ce que le pied de dressage ?

R. La plante du pied est appuyée également sur toute sa largeur dans l'étrier.

45. Q. Qu'est-ce que le pied de saut ?

R. La partie intérieure de la plante du pied est appuyée davantage dans l'étrier d'où résulte une torsion du pied à la cheville.

46. Q. Pourquoi ne peut-on pas être bien assis, si la jambe est en avant ?

R. Parce que le cavalier donnant trop de poids dans l'étrier sort de la selle.

47. Q. Quelle est la place de la jambe ?

R. Où le cavalier en a besoin.

48. Q. Dans quel cas la jambe est-elle plutôt en avant ?

R. Lorsque le cheval se retient, pour que l'effet propulsif de la jambe ait un maximum de puissance.

49. Q. Quand est-elle en arrière ?

R. Lorsque le cheval se porte, afin d'obtenir le rassembler.

50. Q. Pour un jeune cavalier, quel est l'effet propulsif le plus puissant ?

R. Appel de langue, s'il n'est pas encore en mesure de se servir de ses jambes.

51. Q. Quelle est la position de la main ?

R. Entre le pommeau de la selle et la courroie supérieure du poitrail.

De 0 à 5 centimètres au-dessus du garrot, suivant le degré de rassembler. Ecartées l'une de l'autre de 0 à 3 centimètres.

Les phalanges en face l'une de l'autre, la main portée droite, les poignets arrondis.

52. Q. Expliquez les différentes manières de faire faire une conversion à un cheval selon la dextérité d'un cavalier et le rapport mains et jambes !

R. a) Rêne d'ouverture et appel de langue (aides employées au cours des premières leçons par un cavalier débutant).

b) 1. Les mains dans la position réglementaire.

2. Reprendre la rêne intérieure et rendre la rêne extérieure.

3. La jambe intérieure active pousse le cheval en avant.

Dans ces deux manières, le cheval effectue sa conversion sur une perte d'équilibre.

c) 1. Les mains dans la position réglementaire.

2. Garder la rêne extérieure sans que la main se déplace à l'intérieur. But : Contrôler l'épaule. Reprendre la rêne intérieure.

On ne sort pas un cheval de sa stalle en reculant, mais en le tournant

Pl. XXXVI

3. La jambe extérieure active. But : Contrôler la croupe pour qu'elle ne fuie pas à l'extérieur. La jambe intérieure pousse le cheval en avant.

d) Par rênes extérieures contraires ou d'appui, et ceci surtout à une allure rapide, afin d'avoir le meilleur contrôle possible de l'épaule extérieure en mettant le cheval sur l'épaule intérieure.

Selon les deux derniers procédés, le cheval reste en équilibre dans la conversion.

53. *Q.* Comment un cavalier aborde-t-il un obstacle ?

R. a) Regard.

b) Monter perpendiculairement à l'obstacle, donc droit.

c) Conduire son cheval en direction du milieu de l'obstacle.

d) Pousser et rendre progressivement.

54. *Q.* Expliquez ce dernier point ?

R. Huit mètres avant l'obstacle, le cavalier a 8 kilos dans la main et 0 kilo dans la jambe; 7 mètres avant, 7 kilos dans la main et 1 kilo dans la jambe; 4 mètres avant, 4 kilos dans la main et dans la jambe. Au moment où le cheval s'enlève, le cavalier aura 0 kilo dans la main et 8 kilos dans la jambe.

55. *Q.* De quel côté un cheval est-il en général raide ?

R. Du côté gauche.

Explication : Les chevaux sont généralement gauchers, comme les hommes sont droitiers.

56. *Q.* De quel côté le cheval dérobe-t-il le plus volontiers ?

    R. Du côté gauche de l'obstacle.

    Explication : Le cheval étant raide à gauche, donc fort, résistera plus facilement à cette rêne.

57. *Q.* Sur quelle main faut-il surtout exercer le saut ?

    R. Sur main droite, puisque la conduite est plus difficile.

58. *Q.* Sur quelle main faut-il présenter une classe au saut à l'inspection ?

    R. Sur main gauche.

59. *Q.* Quelle est la qualité prédominante d'un cheval de selle ?

    R. Etre dans l'équilibre naturel, c'est-à-dire le cheval se portant de lui-même sans l'aide du cavalier.

60. *Q.* Qu'est-ce que le rassembler ?

    R. Rassembler un cheval, c'est le tenir entre main et jambes, de façon que ses mouvements soient plus actifs et moins allongés.

61. *Q.* Quels sont les buts du rassembler ?

    R. Ils sont au nombre de deux :

    a) Répartir plus rationnellement le poids du cheval sur ses aplombs en chargeant davantage l'arrière-main.

     b) Avoir un effet sur l'arrière-main, les effets de rêne passant à travers tout le corps du cheval (cheval agréable).

62. *Q.* Si un cheval se défend ou colle, quelles aides faut-il donner ?

    R. Rêne d'ouverture et appel de langue.

63. *Q.* Quelles aides donne-t-on à un cheval qui s'effraie ?

    R. Détourner la tête du cheval de l'obstacle et passer en épaule en dedans.

    Explication : En épaule en dedans, le cheval se trouve encadré du côté extérieur et ne peut s'échapper.

64. *Q.* Que faut-il faire quand un cheval s'emballe ?

    R. a) Diriger le cheval dans la direction opposée à celle de l'écurie.

     b) Reprendre et rendre les rênes asymétriquement et irrégulièrement pour que le cheval ne puisse bourrer sur la main.

65. *Q.* Que fait-on quand il s'encapuchonne ?

    R. On lui relève l'encolure.

66. *Q.* En course, comment s'appelle l'appui que le cheval prend sur la main.

    R. La cinquième jambe.

    Explication. L'appui que le cheval prend au départ doit être gardé jusqu'à l'arrivée. Si le cavalier rend la main, le cheval perd l'ampleur de sa foulée, s'il raccourcit les rênes, il raccourcit la foulée.

67. *Q.* Comment d'après le nom d'un cheval (de la Régie) peut-on savoir son âge et sa race ?

   R. La lettre initiale, une consonne, donne l'âge.
   La deuxième lettre, une voyelle, indique l'arrivée des différents transports et la race.

68. *Q.* Comment une section doit-elle sortir de l'écurie ?

   R. La tête formée par le cheval le plus éloigné de la porte.

   Explication : Pour faciliter l'exactitude dans les distances.

69. *Q.* Combien un cheval boit-il par jour ?

   R. Un cheval de selle boit environ 30 litres par jour, suivant les saisons et les efforts demandés.
   Par temps chaud et au cours d'un dur labeur, un gros cheval de trait (percheron) boit jusqu'à 80 litres.

70. *Q.* Quand un cheval a-t-il besoin d'être ferré ?

   R. Dans les cas suivants :

   a) Sabots trop longs.

   b) Fers usés.

   c) Fers déplacés.

   d) Pinçons cassés (cape du fer).

   e) Fers trop courts.

   f) Rivets saillants (clous remontés).

   g) Cheval qui se coupe (se touche).

   h) Cheval qui forge.

   i) Paroi dérobée (paroi cassée).

XVI. ÉPREUVES ÉQUESTRES

1. Les épreuves de dressage

Le but des épreuves de dressage est de pousser le cavalier à avoir un cheval bien mis et agréable. Il faut distinguer trois catégories d'épreuves :

L'épreuve facile que chaque cheval militaire devrait faire avec succès.

L'épreuve moyenne à la portée des meilleurs chevaux militaires.

L'épreuve difficile réservée aux spécialistes.

Dans chaque catégorie il existe deux ou trois programmes présentant des difficultés plus ou moins grandes, dont nous donnons un exemple pour chaque catégorie.

Pour les trois catégories, le carré de dressage a 60 mètres de long sur 20 mètres de large.

Dans nos épreuves nationales, il est d'usage de dicter le programme. Cependant, on ne saurait trop conseiller aux concurrents de l'apprendre par cœur, de façon que son exécution comporte le moins d'hésitations possible, les hésitations du cavalier se transmettant au cheval.

Pour chaque programme un temps est prescrit qui entraîne certaines pénalités s'il est dépassé.

a) *L'épreuve de dressage facile N° 3 (Mod. 1942, temps dix minutes).*

1. Entrer au trot raccourci. En X arrêt. Salut.
2. Partir au pas libre, les rênes longues. En C prendre la piste à main gauche. En E doubler dans la largeur, en B piste à main gauche. Entre B et M reprendre les rênes (mise en main).
3. En C arrêt.
4. Partir au trot moyen (trot enlevé). De F à H changer de main, de M à K changer de main.
5. En K trot raccourci, en B petite volte.
6. En C arrêt, demi-tour à gauche sur les hanches (sur l'arrière-main). Partir au trot raccourci.
7. De F à M au trot moyen, en M raccourcir, de H à F changer de main au trot moyen, en F trot raccourci.
8. En E arrêt. Immobilité. Reculer quatre pas et partir au galop à droite.
9. En C petite volte (5 mètres de diamètre).
10. En B demi-volte à droite (demi-tour), changer sur M. En C changement de pied simple. En E demi-volte à gauche, changer sur H (sans changement de pied). En C mettre au trot.
11. En M partir au galop à droite.
12. De B à C galop moyen, rênes longues.

La chute

13. En C reprendre les rênes (mise en main) et raccourcir. De M à K changer de main avec changement de galop simple en X.

14. En A petite volte (5 mètres de diamètre).

15. De F à M galop accéléré, en M raccourcir.

16. De H à F changement de main avec quatre pas de reculer en X, puis partir au galop à droite.

17. De K à H galop accéléré, en H raccourcir.

18. En C trot raccourci, en M trot moyen, de F à K trot raccourci, de K à H trot moyen, en M arrêt.

19. Partir au pas naturel, les rênes abandonnées. Entre B et X reprendre les rênes (sans rassembler). En G arrêt, salut.

20. *a)* Franchise et énergie des allures
    b) Soumission du cheval aux aides } coefficient 10

21. *a)* Assiette du cavalier
    b) Action des aides du cavalier } coefficient 5.

b) *L'épreuve de dressage moyenne N° 1 (Mod. 1942, temps 11 min.).*

1. Entrer en A sur la ligne du milieu au trot raccourci, en X arrêt, salut.

2. Partir au trot raccourci, en C prendre la piste à main droite, en M trot moyen (trot enlevé). De K à M changer de main, en M raccourcir (trot assis).

3. En C partir au galop raccourci à gauche.

4. En A doubler par le milieu, en G halte, immobilité.

5. Partir au pas libre à la rêne longue, en C prendre la piste à main gauche. De H à B changer de main au pas libre à la rêne abandonnée. Entre B et F reprendre les rênes.

6. En F partir au trot raccourci, en A doubler par le milieu, en G arrêt. Demi-tour à droite sur les hanches (sur l'arrière-main) et partir au trot raccourci. En D arrêt, demi-tour à gauche sur les hanches et partir au trot raccourci.

7. En X petite volte à gauche (5 mètres de diamètre), suivie immédiatement d'une petite volte à droite. En C prendre la piste à main gauche.

8. De H à E épaule en dedans, en E redresser. De A à E changer dans la demi-longueur en demi-travers, en E redresser.

9. En C arrêt, reculer six pas et partir au trot raccourci.

10. De M à B épaule en dedans, en B redresser. De A à B changer dans la demi-longueur en demi-travers, en B redresser.

11. De H à F changer dans la diagonale au trot allongé (trot enlevé) et en F raccourcir. De K à M changer dans la diagonale au trot allongé (trot assis), en M raccourcir.

12. En C au pas rassemblé.

13. En E doubler dans la largeur, en X partir au galop raccourci à droite, en B prendre la piste à main droite. En A doubler par le milieu, en X se mettre au pas, en G partir au galop à gauche, en C prendre la piste à main gauche.

14. Après A serpentine à travers tout le manège en coupant la ligne du milieu cinq fois avec changement de pied du tac au tac sur celle-ci, terminer sur main droite.

15. De M à H galop moyen, les rênes longues, en H reprendre les rênes et raccourcir.

16. De M à K changer de main par la diagonale avec changement de pied du tac au tac en X.

17. De F à M galop accéléré, en M raccourcir, en E doubler à gauche, en X arrêt.

18. Reculer six pas et partir au trot raccourci.

19. En B prendre la piste à main droite, les rênes dans une main, en A doubler par le milieu, en G arrêt, salut.

20. *a)* Franchise et énergie des allures
    b) Soumission du cheval aux aides } coefficient 10

21. *a)* Assiette du cavalier
    b) Action des aides du cavalier } coefficient 5.

c) *L'épreuve de dressage difficile N° 1 (Mod. 1942, temps 11 min.).*

1. Entrer au galop en A, en X arrêt, salut.

2. Partir au trot moyen (trot enlevé), en C prendre la piste à main droite. De K à M changer de main au trot allongé (trot enlevé). De M à H trot rassemblé (trot assis), de H à K trot allongé (trot assis), en K trot rassemblé.

3. En B doubler dans la largeur, en X arrêt, immobilité; partir au trot rassemblé.

4. En E prendre la piste à main droite, en C arrêt, reculer quatre pas, avancer six pas, reculer quatre pas, partir au trot rassemblé.

5. De M marcher sur la diagonale M-E en travers jusque sur la ligne du milieu, sur celle-ci redresser; sur la diagonale E-F marcher en travers jusqu'en F, en F redresser. En K marcher sur la diagonale K-B en travers jusque sur la ligne du milieu, sur celle-ci redresser; sur la diagonale B-H marcher en travers jusqu'en H, en H redresser.

6. En C partir au galop, galop moyen jusqu'en F, en F trot rassemblé.

7. En K pas libre à la rêne longue sur la diagonale K-M.

8. En M pas rassemblé, en C doubler par le milieu.

9. En G trot rassemblé. En X deux voltes successives et répétées, la première volte sur main droite, la deuxième sur main gauche (diamètre des voltes 5 mètres).

10. Les voltes achevées partir au galop rassemblé à droite.

11. De K marcher sur la diagonale K-B en travers jusque sur la ligne du milieu, puis redresser, après X marcher sur la diagonale E-M en travers, en C changement de pied du tac au tac. De H marcher sur la diagonale H-B en travers jusque sur la ligne du milieu puis redresser, après X marcher sur la diagonale E-F en travers, en A changement de pied du tac au tac.

12. De K jusqu'à F galop moyen, rênes abandonnées.

13. En F reprendre les rênes, galop rassemblé, en A doubler par le milieu. En G demi-pirouette à droite, en X changement de pied du tac au tac, en D demi-pirouette à gauche.

14. En X se mettre au pas, en G arrêt, reculer six pas.

15. Partir au galop rassemblé à gauche, en C prendre la piste à main gauche, de H à K galop allongé, en K galop rassemblé.

16. Après A serpentine en sept demi-boucles, les trois premières demi-boucles au galop intérieur, les quatre dernières demi-boucles au galop extérieur. En coupant la ligne du milieu changement de pied du tac au tac, terminer sur main gauche et continuer au contre-galop jusqu'en H.

17. En H trot raccourci, en E galop moyen, en A doubler par le milieu, en X arrêt, huit secondes d'immobilité; partir au trot rassemblé, en G galop rassemblé à droite, en C prendre la piste à main droite.

18. De M à F galop allongé.

19. En F galop rassemblé, en A doubler par le milieu et faire cinq changements de galop à quatre temps.

20. En C prendre la piste à main gauche, en A doubler par le milieu et faire cinq changements de pied à trois temps.

21. En C prendre la piste à main droite, rêne dans une main, en M trot rassemblé, en B doubler dans la largeur et partir au galop rassemblé à droite, en X changement de pied du tac au tac, en E prendre la piste à main gauche et mettre au trot rassemblé, en K galop rassemblé.

22. En A doubler par le milieu, en G arrêt, immobilité et salut.

23. *a)* Franchise et énergie des allures
 b) Soumission du cheval aux aides } Coefficient 10

24. *a)* Assiette du cavalier
 b) Action des aides du cavalier } Coefficient 5.

Il faut avant tout dans une épreuve de dressage rechercher l'exactitude dans les figures. Exemple : Si le cavalier doit s'arrêter à X, il faut que son corps se trouve à l'intersection des lignes A-C et D-E. S'il doit partir au galop allongé en F, il faut que la transition soit faite en F et non entre F et A. Dans les serpentines il faut que toutes les boucles aient la même grandeur et que leur sommet se trouve exactement à deux mètres de la longue paroi.

Un autre point à relever est que dans toutes les figures le cheval soit parfaitement droit. Il faut aussi que les changements d'allure soient bien marqués et enfin que le cavalier ait une assiette aisée, le haut du corps droit.

2. Les épreuves de saut

Comme en dressage, il y a trois catégories d'épreuves de saut : facile, moyenne et difficile.

Dans l'épreuve de saut facile la hauteur est de 1 m. 10 et la largeur de 2 m. 50. (Prix d'ouverture.) Le classement se fait à la faute.

Le saut

Dans l'épreuve de saut moyenne on distingue deux sortes d'épreuves : Le prix d'armée, le seul des parcours réservé aux officiers et aspirants, hauteur 1 m. 20, largeur 3 mètres, classement à la faute.

Le parcours de chasse, avec même hauteur et même largeur, mais dont le classement se fait au temps (les fautes sont pénalisées en secondes).

Dans l'épreuve difficile on distingue quatre catégories :

L'épreuve difficile N° 1 qui se court sous le nom de parcours de chasse, hauteur 1 m. 30 et largeur 3 m. 50.

L'épreuve N° 2, nommée en général coupe, hauteur 1 m. 40, largeur 4 mètres, classement à la faute, avec barrage pour la première place.

L'épreuve N° 3, même hauteur et même largeur que pour la coupe, qui s'appelle le championnat. Ce parcours compte six sauts hauts et larges, avec barrage pour le classement.

L'épreuve N° 4, dite épreuve des six barrières. Elle consiste en six barrières placées sur une ligne droite à 10 m. 50 l'une de l'autre et dont la hauteur monte progressivement. Le classement se fait également par barrage.

Le prix d'ouverture doit être considéré comme le prix type facile pour le cheval d'arme. Le prix d'armée est le prix classique du cheval d'arme. Le parcours de chasse doit imiter une chasse à courre dans le terrain, tant par la variété que par le naturel de ses obstacles. Les autres parcours sont réservés aux spécialistes.

Les chevaux et les cavaliers qui ont obtenu certains résultats sont handicapés. Il existe deux handicaps, celui pour le cavalier, celui pour le cheval.

Le cavalier qui a gagné une somme donnée ne peut plus courir dans les épreuves faciles et même, si ses gains sont plus importants, il doit franchir deux obstacles de plus dans le prix d'armée.

Le cheval qui a gagné une somme donnée ne peut plus courir le prix d'ouverture et même selon le montant des prix, il doit sauter quelques obstacles du parcours rehaussés ou élargis.

3. Les courses

Les courses étaient chez les anciens, une partie des jeux publics. Fêtes religieuses chez les Grecs, elles avaient toujours pour but d'encourager ce qui pouvait préparer aux rudes exercices de la guerre, et d'en donner le goût. Les modernes ont fait des courses de chevaux, dans le but de les faire tourner à l'amélioration des races chevalines. Les Anglais en ont établi à Newmarket, Epsom, Ascot, Duncaster, St-Alban, Leeds, Chester, Hambleton, etc. La France, sous le Consulat, emprunta cet exercice à l'Angleterre, et les plus célèbres courses françaises sont celles du Champ-de-Mars à Paris et celles de Chantilly. La Suisse, elle, n'a jamais possédé de champs de courses, et n'a jamais élevé cet exercice à la hauteur d'une institution dont le but aurait été de perfectionner la qualité du cheval.

Il n'en reste pas moins que les courses revêtent une importance primordiale, pour autant qu'elles sont destinées à examiner l'état de santé, les capacités et le caractère du pur-sang. Ces épreuves décident de la sélection ou de l'élimination du sujet, et rendent possible le choix des meilleures bêtes, de celles qui sont le plus aptes à la reproduction. C'est par les courses seulement que l'on peut contrôler de façon incontestable, poumons et cœur, os et articulations, courage

Courses

et vitalité, car il s'agit là de vaincre dans une épreuve très dure et contre des adversaires redoutables.

Cependant toutes les courses n'ont pas ce caractère. Seules quelques-unes d'entre elles, en particulier les courses plates, entrent en ligne de compte pour faire ressortir la valeur reproductive du sujet. La participation à ces courses n'est ouverte qu'aux seuls chevaux qui, à l'entraînement déjà, se sont révélés les meilleurs de leur classe. Les autres courses n'ont qu'un caractère sportif; elles sont créées à l'intention du public toujours aussi avide de jeux que du temps des Romains. Elles présentent cependant un intérêt pour l'homme de cheval, car elles lui permettent de sortir du lot des chevaux moyens, la bête qui se révélera plus tard capable de concourir avec ses adversaires privilégiés des courses plates. Beaucoup de mauvais chevaux doivent entrer en lice avant que l'on puisse en sortir un bon; ce bon cheval représente tout l'intérêt des courses à caractère sportif.

Quant aux courses d'obstacles, elles n'ont que peu de valeur et permettront rarement la sélection de sujets intéressants. Elles comportent, de par leur nature même, trop de risques de chutes, de blessures pour les chevaux, pour revêtir un intérêt réel.

Les courses d'obstacles peuvent être des courses de haies ou de parcours de chasse, selon la nature des obstacles. Les haies sont formées de « balais » ou buissons droits ou penchés et fixés dans une substructure en bois. Elles sont la plupart du temps transportables et ne sont placées sur la piste que peu de temps avant les courses. Pour une course on n'utilise que des haies de même construction de sorte qu'il n'y a pas de différence dans les sauts. Les distances normales des courses de haies sont de 2400 à 3600 mètres.

Les parcours de chasse ou steeple-chases par contre comportent les obstacles les plus divers parmi lesquels on s'efforce de compter autant que possible de sauts naturels.

Les obstacles choisis sont généralement des murs, des buissons et des fossés comme il en existe dans le terrain. Aucun obstacle de course ne comporte de partie mobile, contrairement aux sauts de concours. La substructure est partout fixe et le tiers supérieur est formé de buissons naturels et coupés, au travers desquels les chevaux passent. Le bon steepler ne saute en effet, qu'à la hauteur strictement nécessaire pour éviter des chutes. La plus grande partie des parcours de chasse se courent sur des distances de 3200 à 5000 mètres, mais il y a aussi des épreuves avec des distances plus longues dont la plus célèbre, la « Grand National Steeple Chase » à Liverpool, a une longueur de 7200 mètres.

Les courses sans obstacles sont les courses plates. Les distances normales sont de 900 à 1400 mètres pour les « sprinters » de 1600 à 1800 mètres pour les chevaux de demi-fond, de 2000 à 2400 mètres pour l'élite proprement dite, laquelle se distingue à la fois par sa vitesse et par son fond, enfin des distances plus longues mais dépassant rarement 3600 mètres n'entrent en ligne de compte que pour les chevaux de fond.

Les distances sont naturellement adaptées à l'âge : les « deux ans » ne courent que dans des courses allant jusqu'à 1200 mètres au maximum.

En dire davantage sur ce thème dépasserait le cadre du présent ouvrage.

Le sport des courses est une matière dans laquelle on ne peut pénétrer qu'à force d'expériences pratiques et après une étude théorique approfondie. Mais mieux que toute autre branche du sport équestre, elle amène ses fervents à connaître à fond la nature du cheval.

4. Les raids

Le raid requiert les conditions suivantes :

a) Un cheval d'une constitution modèle.

b) Cheval et cavalier d'un entraînement parfait.

c) Le raid demande énormément de compréhension, de sentiment, de tact et de connaissances de la part du cavalier.

Nous ne voulons relever que deux points. Tout d'abord, il coule de source que le cavalier galopera la plus longue partie possible du trajet. Ensuite, si le cavalier donne, comme il le doit, souvent à boire à son cheval de l'eau sucrée tiède, il pensera aussi à le laisser uriner. En effet, si, à cause de l'effort, les chevaux et surtout les hongres éprouvent de la difficulté à uriner dehors, ils le font par contre sans peine, si le cavalier les met à l'écurie, sur de la paille. Cet arrêt, loin d'être une perte, sera au contraire un gain de temps.

Nous venons de parler de records. Pour un cheval qui fait des étapes de 30 à 60 kilomètres par jour, plusieurs jours de suite, il est également nécessaire de vouer beaucoup de soin à l'abreuvage. Le cheval doit boire plusieurs fois au cours de la journée, mais il faut, si possible, ne pas le laisser se reposer après l'avoir abreuvé. On peut faire boire un cheval en action même s'il transpire. Le cheval doit être en tout cas abreuvé 5 kilomètres avant le but, soit dans le village précédent celui de l'étape. Un cheval de selle boit en moyenne une trentaine de litres par jour.

5. Les épreuves complètes du cheval d'arme

De toutes les épreuves équestres l'épreuve complète du cheval d'arme, dite « military » est celle qui, non seulement est la plus difficile, mais la seule complète et de ce fait la plus utile à l'armée.

Pour réussir dans cette épreuve, il est nécessaire que chevaux et cavaliers soient de première classe, qu'ils aient subi un entraînement rationnel et poussé. La cadence dans les différentes allures est le maximum de ce que l'on peut demander d'un cheval.

Le military comprend les épreuves suivantes :

Premier jour : une épreuve de dressage de catégorie facile pour les épreuves nationales et de catégorie moyenne pour les épreuves internationales dont le programme, de 13 minutes environ, est à monter sans commandement.

Deuxième jour: a) un parcours sur route de 7 kilomètres à exécuter à l'allure de 240 mètres minute, soit en 29 minutes et 10 secondes.

b) un parcours de galop de 4 kilomètres comprenant douze obstacles et à monter en 6 minutes et 40 secondes, soit à la cadence de 600 mètres/minute.

c) un parcours sur route de 15 kilomètres à exécuter en 62 minutes et 10 secondes, soit 240 mètres/minute.

d) un parcours de galop de 8 kilomètres passant sur environ trente-six obstacles fixes de 1 m. 15 de hauteur sur 4 mètres de largeur à monter en 17 minutes et 46 secondes, soit 450 mètres/minute.

e) un galop de 2 kilomètres sur terrain plat à monter en 6 minutes, soit 333 mètres/minute.

Troisième jour : un parcours de chasse comportant douze à quinze obstacles d'une hauteur de 1 m. 15 sur 4 mètres de largeur.

XVII. CONCLUSION

De tout temps le cheval a été considéré et il reste la plus noble conquête de l'homme. Nous avons tâché de l'étudier non pas seulement du haut de notre taille d'être humain, mais nous avons voulu nous pencher vers lui.

En discernant les affinités, les répulsions, les appréhensions, les raisonnements, toute la mécanique mystérieuse des sensations du cheval, nous avons essayé de vous faire comprendre, de vous faire aimer cet animal attachant entre tous. Peut-être avons-nous été aride; il aurait certainement fallu une plume autre que la nôtre pour traduire les sources émouvantes de la vie animale et de l'instinct du cheval. En tout cas nous serons bien récompensé si nous avons pu acquérir de nouveaux adeptes à la cause du cheval, et lui conserver ceux qui la servent déjà en leur donnant un nouveau sujet de se perfectionner dans le bel art équestre.

ESQUISSES DE PARCOURS

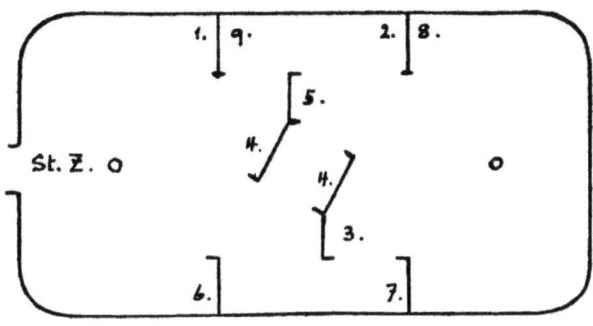

Fig. 49

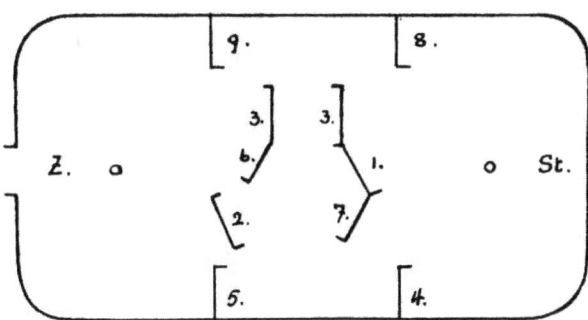

Fig. 50

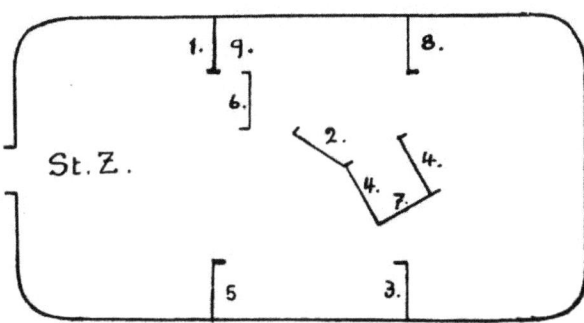

Fig. 51

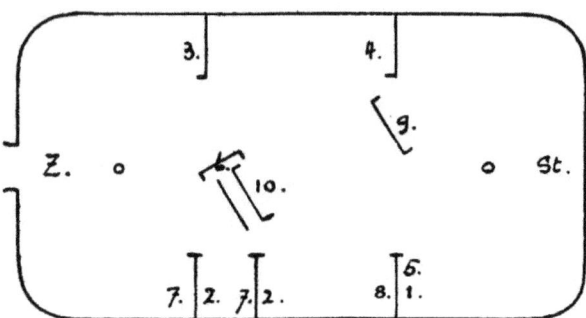

Fig. 52

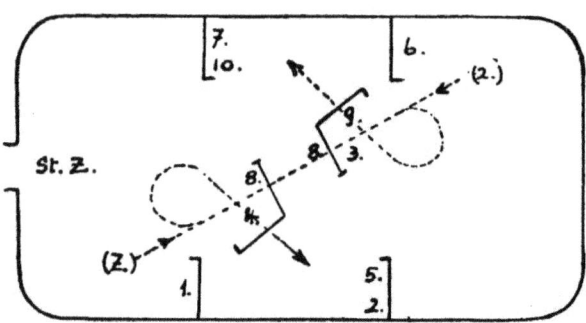

Fig. 53

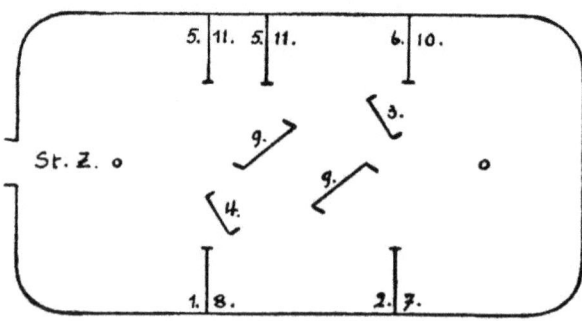

Fig. 54

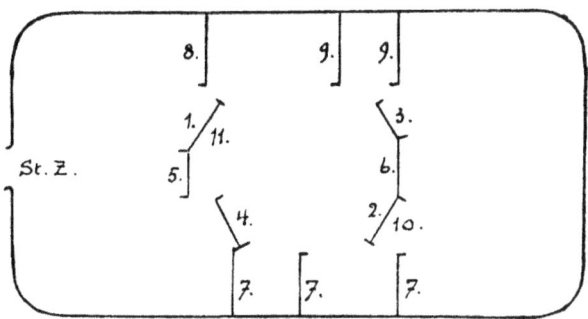

Fig. 55

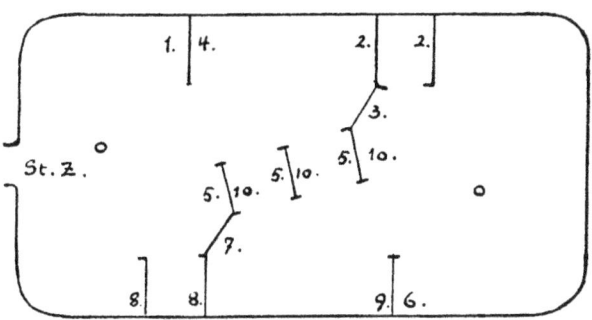

Fig. 56

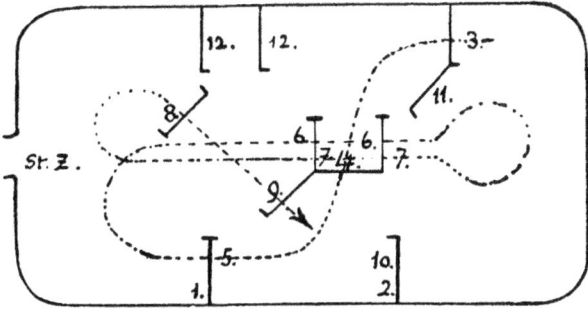

Fig. 57

BIBLIOGRAPHIE

RIDINSTRUKTION (règlement suédois).

LE MÉCANISME DES ALLURES DU CHEVAL DANS LA NATURE ET DANS L'ART. Maxime Guérin-Catelain, éditeurs de la *Revue de cavalerie*, Paris, 1912.

LES ALLURES, LE CAVALIER. L. de Sévy. Librairie Chapelot, Paris, 1915.

STUD-BOOK. Jules Gloor. Verbandsdruckerei A. G. Bern, 1939.

Xenophon Press Library

www.XenophonPress.com
Xenophon Press is dedicated to the preservation
of classical equestrian literature.
We bring both new and old works to
English-speaking riders.

30 Years with Master Nuno Oliveira, Henriquet 2011

A Journey Through the Horse's Body, Fritz 2012

A Rider's Survival from Tyranny, de Kunffy 2012

A Voice for the Horse, Saint Ryan 2025

Another Horsemanship, Racinet 1994

Academic Art of Riding, Bent Branderup 2024

Austrian Art of Riding, Poscharnigg 2015

Broken or Beautiful: The Struggle of Modern Dressage, Barbier/Conrod 2020

Classic Show Jumping: the de Nemethy Method, de Nemethy 2016

Classical Dressage with Anja Beran, Beran 2021

Collection or Contortion: Anatomy and Biomechanics of Positioning and Bend, Gerd Heuschmann, 2024

Divide and Conquer Book 1, Lemaire de Ruffieu 2016

Divide and Conquer Book 2, Lemaire de Ruffieu 2017

Dressage for the 21st Century, Belasik 2001

Dressage in the French Tradition, Diogo de Bragança 2011

Dressage Principles and Techniques: A Blueprint for the Serious Rider, Tavora 2018

Dressage Principles Illuminated, Expanded Edition, de Kunffy 2021

Dressage Principles Illuminated, Expanded Softcover Edition, de Kunffy 2024

École de Cavalerie Part II, Robichon de la Guérinière 2015

Elements of Dressage, von Ziegner 2022

Equestrian Art: The Collected Early Writings (1951-1956), Nuno Oliveira 2022

Equestrian Art: The Collected Later Works, Nuno Oliveira 2022

Equine Osteopathy: What the Horses Have Told Me, Giniaux 2014

Federico Grisone's "The Rules of Riding," Grisone/Tobey 2023

Fragments from the Writings of Max Ritter von Weyrother, Fane 2017

François Baucher: The Man and His Method, Baucher/Nelson 2013

French Equitation: a Baucherist in America, 1922 & Hand-book for Horsewomen, Bussigny 2023

General Chamberlin: America's Equestrian Genius, Matha 2020

Great Horsewomen of the 19th Century in the Circus, Nelson 2015

Gymnastic Exercises for Horses Volume II, Eleanor Russell 2013

H. Dv. 12 with Commentary, German Cavalry Manual of Horsemanship, Heuschman & von Ziegner 2024

Handbook of Jumping Essentials, Lemaire de Ruffieu 2015

Handbook of Riding Essentials, Lemaire de Ruffieu 2015

Healing Hands, Giniaux, DVM 1998

Horse Training: Outdoors and High School, Beudant 2014

Horsemanship & Horsemastership Volume 1, US Cavalry 2021

Horsemanship Training Films 3 DVD set, US Cavalry 2021

I, Siglavy, Asay 2018

Journey Through the Horse's Body, Dr. Christina Fritz 2022

Learning to Ride, Santini 2016

Legacy of Master Nuno Oliveira, Millham 2013

Lessons in Lightness: Expanded Edition, Mark Russell 2019

Mark of Clover, Barczy Kelly, 2022

Methodical Dressage of the Riding Horse, Faverot de Kerbrech 2010

Mein Pferd hat die Nase vorn!, Heuschmann 2025

Military Equitation or, A Method of Breaking Horses, and Teaching Soldiers to Ride, Pembroke, and *A Treatise on Military Equitation*, Tyndale 2018

My Horses Have Something to Say, de Wispelaere 2021

Précis D'Équitation, de Weck 2025

Precise Equitation Manual, de Weck 2025

Principles of Dressage and Equitation, a.k.a. Breaking and Riding, Fillis 2017

Racinet Explains Baucher, Racinet 1997

Releasing the Jaw, Poll, and Neck DVD, Mark Russell 2021

Riding and Schooling Horses, Chamberlin 2020

Riding by Torchlight, Cord 2019

Riding in Rhyme, Davies 2021

Seat, Gaits & Reactions, de Sévy, 2023

Schooling Exercises In-Hand, Hilberger 2009

Science and Art of Riding in Lightness, Stodulka 2015

Sketches of the Equestrian Art, Barbier/Sauvat 2022

The Art of Classical Horsemanship, Egon von Neindorff 2024

The Art of Riding, Philippe Karl 2024

The Art of Riding a Horse, D'Eisenberg 2015

The Art of Traditional Dressage, Volume 1 DVD, de Kunffy 2013

The Chamberlin Reader, Chamberlin/Matha, 2020

The de Nemethy Method: A training seminar, 8 DVD set, de Nemethy 2019

The Ethics and Passions of Dressage Expanded Edition, de Kunffy 2013

The Forward Impulse, Santini 2016

The Gymnasium of the Horse, Steinbrecht 2018

The Horses, a novel, Walker 2015

The Italian Tradition of Equestrian Art, Tomassini 2014

The Maneige Royal, de Pluvinel 2010, 2015

The New Method of Dressing Horses a.k.a. A General System of Horsemanship, Cavendish 2020

The Portuguese School of Equestrian Art, de Oliveira/da Costa 2012

The Pure Teachings of Classical Horsemanship, von Neindorff/Simms 2025

The Quest for Lightness in Equitation and Equestrian Questions, Nelson/L'Hotte 2021

The Rider forms the Horse, Udo Bürger & Otto Zietzschmann, 2024

The Rules of Riding Gli Ordini di Cavalcare, Grisone/Tobey 2023

The Spanish Riding School & Piaffe and Passage, Decarpentry 2013

The Spanish Riding School: The Miracle of the White Horse DVD, US Lipizzan Association 2021

To Amaze the People with Pleasure and Delight, Walker 2015

Total Horsemanship, Racinet 1999

Training Hunters, Jumpers, and Hacks, Chamberlin 2019

Training Your Foal, Ettl 2022

Training with Master Nuno Oliveira, 2 DVD set, Eleanor Russell 2016

Truth in the Teaching of Master Nuno Oliveira, Eleanor Russell 2015

Wisdom of Master Nuno Oliveira, de Coux 2012

www.ingramcontent.com/pod-product-compliance
Lightning Source LLC
Chambersburg PA
CBHW061758070526
44586CB00023B/2626